Conférences spéciales de la 10e Assemblée générale du CODESRIA, Kampala, 2002

Samir Amin

Mahmood Mamdani

Fatou Sow

Textes des conférences Cheikh Anta Diop, Claude Ake et Léopold Sédar Senghor données lors de la 10e Assemblée générale du CODESRIA tenue en décembre 2002 à Kampala, Ouganda

Série de monographies

La publication de la **Série de monographies du CODESRIA** a pour objet de stimuler la réflexion, les observations et encourager une étude plus approfondie des thèmes couverts. Paraîtront dans cette série, les travaux s'appuyant sur les revues universitaires mais trop peu volumineux pour paraître sous forme de livres. Par ailleurs, ce seront des travaux méritant d'être mis à la disposition de la communauté de recherche africaine ou d'ailleurs. Les études de cas et/ou les réflexions théoriques peuvent entrer dans cette catégorie. Cependant, elles doivent contenir des résultats et des analyses importants ainsi que des évaluations critiques des écrits actuels sur les sujets en question.

Couverture: Ibrahima Fofana

Composition: Daouda Thiam

Impression: Lightning Source

Série de monographies
ISBN: 2-86978-148-2

CODESRIA exprime sa gratitude à l'Agence suédoise pour la coopération en matière de recherche avec les pays en voie de développement (SIDA/ SAREC), au centre de recherches pourle développement international (CRDI), à la Fondation Ford, à la Fondation Mac Arthur, Carnegie Corporation, au ministère des Affaires étrangères de Norvège, à l'Agence danoise pour le développement international (DANIDA), au ministère français de la Coopération, au Programme des Nations unies pour le développement(PNUD), au ministère néerlandais des Affaires étrangères, FINDA, NORAD, CIDA, IIEP/ADEA, OECD, IFS, Oxfam America, UNESCO, UN/UNICEF et au gouvernement du Sénégal pour leur soutien généreux à ses programmes de recherche, de formation et de publiction.

Sommaire

Notes sur les auteurs

Samir Amin est un éminent professeur d'économie politique du développement. Il est le directeur du Forum du Tiers-Monde. Samir Amin enseigne l'économie à l'Université de Poitiers, Paris et Dakar. Il a beaucoup publié sur le droit, la société civile, le socialisme, le colonialisme et le développement, particulièrement en Afrique et dans le monde arabe et islamique. Parmi ses nombreuses publications figurent *Eurocentrisme* (1988), *L'empire du chaos* (1991) et *Au-delà du capitalisme* (1998).

Mahmood Mamdani est originaire de Kampala, Ouganda. Il a enseigné à l'Université de Dar-es-Salam, de Makerere, à l'Université du Cap. Il est à présent professeur de science politique à Herbert Lehman et directeur de l'Institut des études africaines à l'Université de Columbia, New York. Son ouvrage intitulé *Citizenship and Subject: Contemporary Africa and the Legacy of Late Colonialism* figure parmi les « 100 meilleurs livres du XXe siècle », et a aussi reçu le Prix Herskovitz de l'Association américaine des études africaines pour « le meilleur livre sur l'Afrique publié en langue anglaise en 1996 ». Mahmood Mandani fut le président du comité exécutif du CODESRIA de 1999 à 2002. En 2001, il a été l'un des neuf orateurs lors du centenaire du Prix Nobel de la paix.

Fatou Sow, sociologue de nationalité sénégalaise, est chercheuse au Centre national de la recherche scientifique en France. Elle est également professeur au Département des sciences sociales à l'Institut fondamental d'Afrique noire/Cheikh Anta Diop (IFAN), Université Cheikh Anta Diop de Dakar, Sénégal, où elle dispense des cours sur genre et développement à la Faculté des lettres. Ses publications portent sur les questions de développement. Elle est particulièrement intéressée par les questions touchant aux femmes africaines et aux relations de genre dans la culture et les systèmes économiques africains.

1

L'alternative au système néo-liberal mondialisé et militarisé : l'impérialisme aujourd'hui et l'offensive hégémonique des États Unis

Samir Amin

L'alternative : progrès social, démocratisation, interdépendance négociée

Ce dont les peuples ont besoin aujourd'hui comme hier, fut-ce dans des conditions structurelles nouvelles (en relation avec la révolution informatique et génétique et ses effets transformateurs des formes du travail et des relations sociales), ce sont des projets sociétaires (« nationaux et ou régionaux ») articulés les uns aux autres dans des structures de mondialisation régulées et négociées (assurant une relative complémentarité entre eux), permettant simultanément des avancées parallèles dans trois directions :

a) le progrès social : celui-ci exige que les progrès de l'économie (l'innovation, les progrès de la productivité, l'expansion éventuelle des marchés) soient nécessairement accompagnés de progrès sociaux bénéficiant à tous (par la garantie de l'emploi et de l'intégration sociale, la réduction des inégalités; etc.)

b) la démocratisation de la société dans toutes les dimensions de sa réalité, entendue comme un processus sans fin et non comme une « recette » (« blue print ») définie une fois pour toutes (figeant l'évolution dans les formes de la « démocratie » telle que la connaissent les pays de l'Occident contemporain). La démocratisation exige l'extension de l'aire de sa pratique aux champs de la gestion économique et sociale, et non sa restriction au seul champ de la gestion politique de la société;

c) l'affirmation du caractère nécessairement autocentré des projets sociétaires de développement économique et social, et, partant, la construction de formes de la mondialisation offrant cette possibilité. Étant entendu que le caractère autocentré incontournable du développement n'exclut ni l'ouverture (à condition que celle-ci demeure maîtrisée) ni donc la participation à la « mondialisation » (« l'interdépendance »). Mais elle conçoit celles-ci comme devant être formulées dans des termes qui permettent la réduction et non l'accentuation des inégalités de richesse et de pouvoir entre les nations et les régions.

« L'alternative » que nous définissons par des avancées dans ces trois directions exige que celles-ci progressent en parallèle. Les expériences de l'histoire moderne qui se sont fondées sur l'octroi d'une priorité absolue à « l'indépendance nationale » (au service exclusif de laquelle la modernisation était alors conçue), soit accompagnée de progrès social soit en sacrifiant même celui-ci, mais toujours sans démocratisation, ont démontré leur incapacité à aller au-delà de limites historiques atteintes rapidement. En contrepoint complémentaire, les projets contemporains de démocratie qui ont accepté de sacrifier le progrès social et l'autonomie dans l'interdépendance mondialisée, ont contribué non à renforcer le potentiel émancipateur de la démocratie mais à l'avilir, voire la décrédibiliser et finalement la délégitimer. Si, comme le prétend le discours dominant néo-libéral, la soumission aux exigences dites du « marché » ne connaît pas d'alternative et si, de surcroît cette soumission produirait par elle-même le progrès social (ce qui n'est pas vrai, mais que l'économisme conventionnel prétend démontrer par le moyen d'authentiques supercheries intellectuelles) alors « pourquoi voter » ? Parlements élus et gouvernements responsables deviennent des éléments décoratifs superflus, « l'alternance » (la succession de têtes différentes pour faire la même chose) étant substituée aux choix alternatifs par lesquels se définit la démocratie. La réaffirmation de la politique et de la culture citoyenne définit la possibilité même d'une alternative nécessaire à la décadence de la démocratie.

Il faudra donc progresser dans les trois dimensions de l'alternative, inséparables les unes des autres. Mieux vaut moins mais mieux; développer des stratégies d'étapes qui permettent de consolider les avancées, si modestes puissent-elles être ici et là dans l'immédiat, pour aller ensuite plus loin en minimisant les risques d'échecs, de dérapage et de bonds en arrière.

Concrétiser ces stratégies d'étapes exige d'évidence qu'on tienne compte de ce que l'évolution d'ensemble de la science et de la technologie a produit dans le moment présent d'accélération de ses révolutions et cela dans toutes leurs dimensions (richesses nouvelles, forces destructives potentielles portées par ces révolutions, transformations dans l'organisation du travail et les structures sociales, rapports à la centralisation du capital des oligopoles et à la financiarisation de leur gestion, etc.). Mais pour le faire on ne saurait s'y « soumettre », dans l'espoir (vain) que les révolutions en question auraient le pouvoir (magique) de résoudre par elles-mêmes les défis du progrès social et de la démocratisation. C'est au contraire en intégrant le « nouveau » dans une dynamique sociétaire maîtrisée qu'on pourra en exploiter avec profit le potentiel émancipateur éventuel.

Si donc les linéaments du (ou des) projet sociétaire esquissés ici sont qualifiés par nous « d'alternative », c'est bien parce que les politiques mises en œuvre par les forces dominantes du système dans le moment actuel s'inscrivent littéralement en contrepoint de ces exigences.

Le projet sociétaire abusivement qualifié de « libéral » (et son expression extrême dite « néo-libérale ») est fondé sur le sacrifice du progrès social aux exigences unilatérales de la rentabilité financière (à court terme de surcroît) des segments dominants du capital (le capital transnationalisé des 500 ou 5 000 firmes géantes transnationales). À travers cette soumission unilatérale des travailleurs, des êtres humains, des nations, à la logique exclusive dite du « marché », s'exprime sans doute « l'utopie permanente » du capital (selon laquelle tous les aspects de la vie sociale doivent s'ajuster à l'exigence de la « rentabilité »), une utopie infantile par bien des aspects, sans fondements ni scientifiques ni éthiques. En fait donc à travers cette soumission, progrès social et démocratie sont vidés de toute réalité.

Au plan mondial, cette soumission ne peut que reproduire et approfondir les inégalités entre nations et régions, fut-ce bien entendu dans des structures reconstruites en fonction des exigences du capital parvenu à un stade qualitativement nouveau de son développement. Entendant par là que les « monopoles » (dits parfois « avantages comparatifs ») dont bénéficient les oligopoles des centres dominants (la « triade ») ne se réduisent plus à l'exclusivité de l'industrie comme cela a été le cas dans un passé désormais révolu, mais dans celle d'autres formes du contrôle économique, social et politique (le contrôle des technologies, renforcé par les législations abusives concernant la propriété industrielle et intellectuelle, celle de l'accès aux ressources naturelles de toute la planète, la capacité d'influencer, voire de moduler, les opinions par les moyens du contrôle de l'information, la centralisation extrême des moyens d'intervention financière, l'exclusivité des armements de destruction massive, etc.).

Économie et politique, « marché » et pouvoir d'État, y compris militaire, sont aujourd'hui, comme toujours, inséparables, en dépit du discours idéologique dominant qui s'emploie à le nier. Comment donc, face à cette unité mise en œuvre par les stratégies du capital des oligopoles transnationalisés et des pouvoirs politiques à son service, construire des contre-stratégies des peuples qui, au-delà de la »résistance», peuvent faire avancer l'alternative définie ici ? Tel est le véritable défi.

Combiner l'expansion des mouvements sociaux et la reconstruction de la politique citoyenne

Il n'existe pas de société figée dans un immobilisme absolu – tout au moins à l'époque moderne. Dans ce sens l'existence de « mouvements sociaux », visibles ou moins, explicitement organisés ou opérant un travail de taupe, cristallisés autour de programmes et d'objectifs formulés en termes idéologiques et politiques ou affichant leur méfiance à l'égard des « grands discours », voire de la « politique politicienne », unifiés dans des ensembles coordonnés ou fragmentés à l'extrême, n'est pas nouvelle.

Ce qui est « nouveau », et caractéristique du moment actuel, c'est précisément et seulement que les « mouvements sociaux » (ou la « société civile ») pour employer les termes mis à la mode sont fragmentés, méfiants à l'égard de la politique et des formulations idéologiques, etc. Cela est à la fois la cause mais surtout le produit de l'érosion des formes des luttes sociales et politiques propres à la période antérieure révolue de l'histoire contemporaine (« l'après Deuxième Guerre mondiale »), et, de ce fait, l'effondrement de leur efficacité et partant de leur crédibilité et légitimité. Cette érosion a donc produit un déséquilibre fondamental, offrant au capital dominant la possibilité d'occuper seul le devant de la scène, lui permettant de soumettre les peuples et les sociétés à la logique exclusive de ses exigences, de proclamer l'éternité de son « règne » et de la prétendre de surcroît rationnelle et même bienfaisante (la « fin de l'histoire », etc.), c'est-à-dire de revenir provisoirement à l'utopie permanente du capitalisme. Cette conjoncture s'exprime dans des slogans absurdes comme « il n'y a pas d'alternative », ou dans l'imaginaire d'un « mouvement social » qui aurait la capacité de transformer le monde sans avoir à définir son projet sociétaire.

Les « mouvements sociaux » au pluriel existent et renforcent leur présence et leur action partout dans le monde actuel. En donner des preuves n'est même plus nécessaire : classes et luttes de classes, mouvements de luttes pour la démocratie, les droits des femmes, ceux des nations, ceux des paysans, le respect des exigences écologiques, etc. en sont les expressions. La transformation du monde par la cristallisation de l'alternative passe par l'insertion active dans ces mouvements. Mais elle exige aussi que ceux-ci sachent progressivement s'élever de la défensive à l'offensive, de la fragmentation à la convergence dans la diversité, deviennent les acteurs décisifs dans des projets sociétaires inventifs et efficaces pour la construction de stratégies politiques citoyennes.

Reconnaître les insuffisances des mouvements dans l'état actuel de leur développement, ce n'est ni en dénigrer l'exigence incontournable, ni leur opposer un regard nostalgique sur un passé révolu, mais choisir d'agir pour en renforcer le potentiel émancipateur et créateur.

Les peuples ont un adversaire, qui s'appelle le capital oligopolistique mondialisé et impérialiste dominant l'ensemble des pouvoirs politiques qui dans le moment actuel sont à son service, c'est-à-dire les gouvernements de la triade (tant que les droites et les gauches électorales partagent l'alignement sur le « libéralisme »), singulièrement celui des États-Unis (dont les establishments républicain et démocrate partagent dans l'ensemble la même vision de leur rôle hégémonique) et ceux des classes dirigeantes compradorisées et vassalisées à travers le Sud. Cet adversaire se déploie dans une stratégie économique, politique, idéologique, militaire commune et dispose à cet effet d'un ensemble d'institutions à son service OECD, Banque mondiale, FMI, OMC, OTAN, etc. Il a ses centres de « réflexion » et ses lieux de rencontre (Davos en particulier, les « Clubs » libéraux à la Hayek, les universités singulièrement leurs départements d'économie conventionnelle, etc.). Il lance les « modes » et prônent les termes de référence (« catch words ») des discours qu'il impose : « démocratie » ou « droits de l'homme » (entendus dans des sens manipulables), « lutte contre la pauvreté », « effacement des nations » et promotion parallèle des « communautés », guerre au « terrorisme », etc. Force est de constater que la grande majorité

5

des « mouvements » et des militants actifs qui les animent sont, jusqu'à présent, toujours à la traîne, répondant avec retard bien ou moins bien à ces morceaux de stratégies et de discours. Il nous faut nous libérer de ces positionnements réflexes et défensifs, parvenir à notre tour à leur substituer nos discours, nos stratégies, nos objectifs, notre langue. On en est loin encore.

On n' avancera dans cette direction que si l'on devient capable d'analyser systématiquement les stratégies de l'adversaire tant dans leurs dimensions globales que dans leurs expressions locales et segmentaires. Étant entendu que ces stratégies sont loin de constituer un bloc monolithique sans faille. Elles sont traversées de contradictions qui leur sont propres et qu'il nous faut mieux analyser, mieux connaître, mieux identifier et singulariser. Il nous faut proposer des contre stratégies qui sachent tirer profit de ces contradictions.

Face à ces taches urgentes et prioritaires le ou les « mouvement » paraît, en l'état actuel des choses, encore trop faible. Faute d'être parvenu à donner sa pleine importance à cette réflexion et à en tirer les conclusions qui s'imposent pour l'efficacité de l'action, il demeure fragmenté, défensif et « soft » dans ses discours et propositions (ce dont l'adversaire sait lui tirer profit). Il nous faut donc nous élever à des niveaux qui rendent possible la cristallisation de contre stratégies des forces populaires, tant dans leur vision de la globalité de leurs interdépendances mondiales que dans leurs expressions segmentaires et locales. C'est alors seulement que les principes généraux qui définissent l'alternative nécessaire pourraient prendre consistance, devenir chair et os dans des programmes et des actions riches à la fois de leur diversité et de la convergence de leurs impacts sur les sociétés réelles. C'est alors seulement que le « mouvement » deviendra la force transformatrice de l'histoire.

L'adversaire s'emploie à rendre notre progression difficile, non pas seulement par des interventions « musclées » si nécessaires (violences policières, reculs de la démocratie, soutiens à des courants « fascistes » renouvelés, guerres), mais tout autant par ses propositions flatteuses pour le « mouvement » tel qu'il souhaiterait qu'il demeure : « apolitique », « soft », à la traîne. L'idéologie « mouvementiste » y contribue, puisque celle-ci rejette précisément et par principe ce que nous proposons : la convergence dans la diversité par la reconstruction d'une politique citoyenne. Dans ces conditions « les » mouvements et les formes d'organisation qui les sous-tendent (singulièrement les « ONG » mises à la mode comme expressions exclusives de la « société civile ») doivent être l'objet de regards lucides et critiques. S'inscrivent-elles dans la perspective de la construction d'alternatives ? Ou bien sont-elles des moyens de gestion du système tel qu'il se déploie dans ses ambitions principales, autrement dit des instruments « anti-alternatifs » ? Seule la reconstruction d'une politique citoyenne peut permettre au « mouvement » d'acquérir l'ampleur et l'efficacité qui remettent en question le déséquilibre en place en faveur du capital. Seule cette reconstruction peut permettre l'émergence de nouveaux équilibres sociaux et politiques contraignant le capital à lui « s'ajuster » à des exigences qui ne ressortissent pas de sa logique exclusive. Alors et alors seulement à la tendance dominante à l'œuvre aujourd'hui imposant aux peuples de s'ajuster aux exigences du capital pourra être substituée la tendance inverse imposer au capital de s'ajuster aux exigences des peuples.

Notre appel s'adresse à tous nous-mêmes inclus à tous ceux qui se retrouvent dans leurs actions ici et là et dans leurs rencontres au sein et autour du Forum social mondial (Porto Alegre) et des Forums nationaux et régionaux. Le Forum mondial des alternatives s'emploiera, dans ce cadre, à remplir les fonctions d'un catalyseur parmi et avec d'autres de la réflexion capable de contribuer à l'élaboration de contre stratégies populaires, efficaces et crédibles.

Les propositions que nous développerons dans la section qui suit ne sont que des propositions que d'aucuns jugeront erronées, d'autres extrêmes ou provocatrices. Mais, à mon avis, elles méritent discussion.

L'impérialisme collectif de la triade, l'offensive hégémoniste des États-Unis et la militarisation de la mondialisation

• *Première thèse*

Le système mondial n'est pas « post impérialiste », il est impérialiste. En cela il partage avec les systèmes impérialistes des étapes antérieures de l'expansion capitaliste mondiale quelques-unes de ses caractéristiques fondamentales et permanentes : il n'offre aux peuples des périphéries (le Sud dans le langage à la mode) trois quarts de l'humanité aucune chance de « rattraper » et de bénéficier, pour le meilleur et le pire, des « avantages » des niveaux de consommation matérielle réservées aux majorités parmi les peuples des centres ; il ne produit et ne reproduit que l'approfondissement du « gap », de l'écart « Nord/Sud ».

L'impérialisme est néanmoins entré dans une phase de son expansion nouvelle par beaucoup de ses aspects. Nouveauté elle-même bien entendu   en rapport étroit avec les transformations du capitalisme et du capital : révolution technologique, transformation des procès de travail, mondialisation segmentaire de leur organisation, financiarisation mondialisée dominante, etc. Ces rapports font l'objet de recherches sérieuses et de débats animés. Encore que la tonalité dominante dans ceux-ci soit commandée par l'obsession économiste de beaucoup et la gentillesse politique « soft » d'autres. Au point que le système soit souvent présenté comme offrant des « chances » à tous ceux qui sauraient en saisir l'opportunité. Versions « gentilles », témoignages à la fois de la faiblesse du « mouvement » et de l'efficacité du discours dominant qui le pénètre.

J'insiste pour ma part sur une autre dimension de l'impérialisme nouveau. L'impérialisme, qui s'était toujours conjugué au pluriel dans le passé au point que le conflit permanent et violent, économique et politique, des centres impérialistes concurrents avait souvent occupé le devant de la scène de l'histoire, se conjugue désormais au singulier ; il est devenu l'impérialisme collectif de la « triade » (États-Unis, Europe, Japon).

Les faits illustrent visiblement la réalité de ce caractère collectif du stade nouveau de l'impérialisme. Dans toutes les institutions de gestion de l'économie mondiale, l'Europe et le Japon ne sont jamais singularisés par des positions quelconques autres que celles prises par les États-Unis, qu'il s'agisse de la Banque mondiale, du FMI ou de l'OMC (on se souviendra des exigences imposées à l'OMC à Doha en 2001 par le commissaire européen Pascal Lamy à l'égard des pays du tiers monde, plus dures que celles formulées par Washington!)

Quelles sont les raisons de cette vision commune de la triade ? Dans quelle mesure la solidarité dont ils font preuve jusqu'à ce jour permet de définir une nouvelle étape stable de la mondialisation impérialiste ? Et où se situent alors les contradictions éventuelles au sein de la triade ?

Il était coutumier d'expliquer cette solidarité par des raisons politiques : la crainte commune de l'Union soviétique et du « communisme ». Mais la disparition de la menace n'a pas mis un terme au front commun du « Nord », alors que l'Europe et le Japon ne sont plus dans la situation de dépendance économique et financière à l'égard des États-Unis, comme ils l'étaient au lendemain de la Seconde Guerre mondiale. Devenus des concurrents sérieux, on aurait pu s'attendre à voir leurs conflits faire éclater la triade. En s'alignant tous sur le même projet néo-libéral mondialisé, ils ont au contraire pris le chemin inverse. Je suis donc fortement tenté d'expliquer ce choix par les exigences nouvelles des formes de l'accumulation du capital des oligopoles dominants. Ceux-ci ont désormais atteint un degré de gigantisme sans commune mesure avec celui qui caractérisait leurs précurseurs. Ce gigantisme exige à son tour que tous ces oligopoles (les grandes transnationales qui ont toutes leur point d'ancrage majeur dans les États de la triade) bénéficient de l'accès à un marché mondial ouvert. Pour les uns, ce fait nouveau annonce la formation en cours d'un authentique capital et d'une bourgeoisie transnationaux. Question qui mérite certainement une recherche plus avancée. Pour d'autres (dont moi-même), encore qu'il n'en soit pas ainsi, les intérêts communs dans la gestion du marché mondial sont à l'origine de la solidarité du capital transnationalisé en question.

Les contradictions qui pourraient sinon faire éclater la triade du moins en affaiblir la puissance collective ne se situent donc pas sur le terrain des intérêts des segments dominants du capital. Leur origine est à rechercher ailleurs. Car si capital et États sont des concepts et des réalités inséparables, la triade et même son segment européen demeure constituée d'États politiques singuliers. Or l'État ne peut être réduit à ses fonctions de serviteur du capital dominant. Articulé par la force des choses à toutes les contradictions qui caractérisent la société conflits de classes, expressions diverses de la culture politique des peuples en question, diversité des intérêts nationaux « collectifs » et expressions géo-politiques de leur défense l'État est un acteur distinct du capital. Et dans cette dynamique complexe, qui l'emportera ? Les intérêts immédiats et exclusifs du capital dominant ? Ou d'autres combinaisons conciliant les exigences de la reproduction du capital et celles qui s'expriment sur d'autres terrains ?

Dans la première des hypothèses, à défaut d'une institution politique intégrée commune aux États de la triade, les États-Unis, leur chef de file, seraient appelés à remplir les fonctions de cet État « mondial » indispensable à la « bonne gestion » du capitalisme mondialisé. Et les partenaires de la triade en accepteraient les conséquences. Mais alors, dans ce cas, j'avance que « le projet européen » serait vidé de tout contenu, réduit à n'être que au mieux le volet européen de l'impérialisme collectif ou au pire le volet européen du projet hégémoniste étatsunien. Pour le moment les quelques craquements qui se font entendre se situent au plan exclusif de la gestion politique et militaire de la mondialisation, pas à celui de sa gestion économique et sociale. Autrement dit, certains des pouvoirs européens souhaiteraient que la gestion politique du système mondial soit davantage « collective », tandis que d'autres acceptent l'alignement inconditionnel sur sa gestion par les États-Unis. Par contre dans la seconde des hypothèses, c'est- à-dire si les peuples européens parviennent à imposer au capital dominant les termes d'un nouveau compromis historique définissant le contenu des États européens et de l'Union européenne, l'Europe pourrait aspirer à devenir un acteur autonome. Autrement dit l'option (et les luttes) pour une « Europe sociale » (c'est-dire dont les pouvoirs ne se réduiraient pas au service immédiat des intérêts exclusifs du capital dominant), est inséparable de celle d'une Europe « non américaine ».Et celle-ci ne peut l'être que si elle prend quelques distances à l'égard de la gestion de l'impérialisme collectif par laquelle se définissent les intérêts du capital dominant. En une phrase : l'Europe sera de « gauche » (étant entendu que cette définition concerne à la fois la prise en compte des intérêts sociaux des peuples européens et des innovations dans des rapports Nord / Sud amorçant une évolution post impérialiste réelle) ou ne sera pas.

- *Seconde thèse*

La stratégie hégémoniste des États-Unis s'articule sur le caractère collectif de l'impérialisme nouveau et met à profit les insuffisances et les faiblesses des mouvements sociaux et politiques « anti-néo-libéraux ».

Cette stratégie, à peine reconnue comme telle d'ailleurs par ses défenseurs « pro-américains », est l'objet, dans le discours dominant, de deux propositions « soft », irréelles mais opérationnelles du point de vue de notre adversaire. La première est que cette hégémonie s'apparenterait davantage à un leadership « gentil », qualifié ainsi de « benign hegemony » par la fraction démocrate de l'establishment américain. Par ce mélange de fausse naïveté et de vraie hypocrisie, ce discours prétend que les États-Unis n'agissent que dans l'intérêt des peuples associés de la triade, étant motivés par les mêmes pulsions « démocratiques » et même dans l'intérêt de ceux du reste du monde, auxquels la mondialisation offre une chance inespérée de « développement », renforcée de surcroît par les bénéfices de la démocratie que les pouvoirs étatsuniens promeuvent partout, comme on le sait. La seconde est que cette hégémonie serait le produit naturel de l'avance dont les États-Unis seraient les bénéficiaires dans tous les domaines, allant de l'efficacité économique à la science et au projet politique et culturel, en passant par la puissance militaire. En fait l'hégémonisme étatsunien procède d'une logique et met en œuvre des moyens qui n'ont pas grand chose à voir avec les discours dont il s'enveloppe.

Les objectifs de cet hégémonisme ont été proclamés, avoués dans d'innombrables productions des dirigeants du pays (malheureusement peu lus par leurs victimes). Après la chute de l'URSS seul adversaire militaire potentiel l'establishment nord-américain estime qu'il dispose d'une vingtaine d'années pour mettre en place son hégémonie mondiale et réduire à néant les possibilités de « concurrents » potentiels, non pas nécessairement eux-mêmes candidats à une hégémonie alternative, mais simplement capables d'affirmer leur autonomie dans un système mondial qui serait alors « sans hégémonie » un système pluricentrique dans mon langage. Ces « concurrents » sont l'Europe bien entendu (on ne parle plus guère du Japon !), mais aussi la Russie et surtout la Chine, adversaire principal désigné que Washington devra un jour envisager de détruire (militairement) si celle-ci persiste dans son « développement » et une certaine volonté d'indépendance. D'autres adversaires sont également signalés, en fait tous les pays du Sud susceptibles de développer une résistance aux exigences du néo-libéralisme mondialisé, Inde ou Brésil, Iran ou Afrique du Sud.

Les objectifs sont donc à la fois de vassaliser les alliés de la triade, les rendre incapables d'initiatives globales efficaces, et de détruire les « grands pays », toujours par nature trop « grands » (les États-Unis ayant seuls le droit de l'être). Démanteler la Russie après l'URSS, démanteler la Chine, l'Inde, voire le Brésil ; instrumentaliser à cet effet les faiblesses des systèmes de pouvoir propres à ces pays, manipuler les États issus de l'éclatement de l'URSS et flatter les forces centrifuges dans la Fédération russe, soutenir les musulmans du Xinjiang et les moines tibétains, flatter les nationalités indiennes et alimenter les conflits avec les musulmans du sous-continent, agir en Amazonie (plan Colombie), etc.

Dans cette perspective stratégique les États-Unis ont choisi de porter leur première frappe dans la région qui s'étend des Balkans à l'Asie centrale en passant par le proche orient et le Golfe. Pourquoi ce choix pour la conduite des premières guerres américaines du XXIe siècle ? Non parce que la région pourrait abriter des ennemis sérieux, mais au contraire parce qu'elle est le ventre mou du système mondial, constitué de sociétés qui, pour différentes raisons, sont dans notre moment de l'histoire incapables de répondre à l'agression avec un minimum d'efficacité. Frapper le plus faible pour amorcer une longue série de guerres, choix stratégique militaire évident et banal. Tout comme Hitler commence par frapper la Tchécoslovaquie, alors que ses ambitions visent, bien au-delà, l'Angleterre, la France et la Russie.

La conquête de la région présente d'autres avantages. Région majeure dans la production de pétrole et de gaz, son contrôle exclusif par les États-Unis placerait l'Europe dans une dépendance sérieuse, réduisant d'autant sa marge de manœuvre éventuelle ultérieure. Par ailleurs, l'installation de bases militaires américaines au cœur de l'Eurasie facilitera les guerres à venir, contre la Chine, la Russie ou d'autres. Le soutien inconditionnel à l'expansionnisme israélien trouve sa place logique dans cette perspective, Israël étant de *facto* une base militaire permanente au service de Washington.

Le choix de la militarisation de la gestion du système mondial n'est pas celui de la seule équipe de Bush junior. Il est celui auquel s'est rallié l'ensemble de la classe dirigeante des États-Unis depuis l'effondrement de l'URSS ; démocrates et républicains ne diffèrent ici guère que par le style de leur langage. Or, contrairement à ce qu'on veut faire croire aux opinions naives, cette option a pour fonction de pallier les insuffisances de l'économie américaine dont la capacité compétitive de tous les segments du système productif n'a cessé de se détériorer, comme en témoigne le déficit commercial qui les caractérise. En s'imposant non comme « leader naturel » par son avance économique mais comme dictateur militaire de l'ordre mondial, les États-Unis créent les conditions obligeant ses « alliés » vassalisés (l'Europe, le Japon) comme les autres à payer leur déficit. Les États-Unis sont devenus une société parasitaire qui ne peut maintenir son niveau de consommation et de gaspillage qu'en appauvrissant le reste du monde.

• **Troisième thèse**

Le moment actuel est d'une gravité extrême. En ce sens la comparaison avec les années 1930 est largement justifiée. Comme Hitler, les présidents des États-Unis ont décidé de substituer la force militaire brutale au droit, effaçant toutes les conquêtes que la victoire de la démocratie sur le fascisme avait permises, condamnant les Nations Unies au sort lamentable qui fut celui de la Société des Nations.

La comparaison peut être hélas poursuivie. Fabrication et choix d' adversaires mineurs pour préparer le terrain à des confrontations majeures. Mensonge systématique. De leur coté les classes dominantes des « alliés » subalternisés se comportent comme hier Chamberlain et

Daladier face à Hitler ; elles cèdent et souvent même contribuent à légitimer les guerres américaines aux yeux de leurs opinions qu'elles trompent.

Le « mouvement » doit comprendre que, face à cette stratégie cohérente et criminelle de l'adversaire, aucune contre stratégie ne peut être efficace si elle ne prend pas le combat contre les guerres américaines comme axe principal de son action. Que valent aujourd'hui les discours sur « la pauvreté » ou les « droits humains » si ce qui est à l'ordre du jour prépare pour les peuples un avenir encore bien pire, imposé par la violence militaire ? Ces guerres encore « petites » (en dépit des destructions matérielles et humaines gigantesques qu'elles provoquent chez leurs victimes) ne constituent pas « un problème parmi d'autres », mais le révélateur de la stratégie véritable de l'ennemi.

Éléments pour une contre stratégie populaire

Des réflexions qui précèdent si elles ont un sens on ne peut tirer qu'une conclusion : l'axe principal de l'action à mener dans le moment actuel ne peut être que l'organisation de la lutte contre les « guerres américaines » et la construction du front le plus large de toutes les forces qui peuvent y faire opposition. Je ferai donc, dans cet esprit, trois propositions :

Première proposition : priorité en Europe à la reconstruction d'une politique citoyenne, seule capable de faire converger les revendications de mouvements encore terriblement fragmentés.

La construction de cette force politique et le rassemblement des sujets qui peuvent la composer conditionnent le succès des mouvements de revendications et de protestations sociales, c'est-à-dire la capacité de rénovation d'une gauche authentique imposant au projet européen l'intégration de ces revendications, donnant donc une « dimension sociale » au projet en question. C'est à cette condition également que la gauche pourra se départir de la droite pro-impérialiste, que celle-ci accepte l'alignement sur les stratégies propres de l'impérialisme étatsunien ou qu'elle exprime d'une manière plutôt velléitaire que consistante le souhait d'une « gestion politique collective » de l'impérialisme lui même collectif. Autrement dit il n'y aura « d'Europe sociale » que si celle-ci s'engage simultanément dans la voie d'une « autre politique » vis-à-vis du reste du monde, amorçant ainsi une transition post impérialiste authentique.

Les peuples européens doivent et peuvent faire prendre aux États-Unis la mesure de la fragilité de leurs positions dans le système économique du capitalisme mondialisé. S'ils parviennent à imposer l'usage à des fins de développement social de l'Europe des surplus de capitaux dont ils offrent actuellement l'emploi au soutien du gaspillage américain, ils contraindront par là-même les États-Unis à abandonner leurs ambitions démesurées. Cet objectif stratégique n'exclut évidemment pas le soutien immédiat aux hommes et aux femmes courageux qui, au cœur du système, disent « non à la guerre ». Je demeure néanmoins sceptique quant à l'efficacité de l'opposition interne aux États-Unis tant que les privilèges dont cette société parasitaire bénéficie resteront garantis. La classe dirigeante américaine est parvenue à façonner dans son pays une opinion publique dominante suffisamment niaise pour que les protestations des minorités conscientes ne parviennent pas à faire échec au déploiement de la stratégie de l'hégémonisme des États-Unis.

Deuxième proposition : encourager un rapprochement entre les grands partenaires du monde euro-asiatique – Europe, Russie, Chine, Inde à titre principal.

La Russie, grand producteur de pétrole et de gaz, offre à l'Europe le seul moyen d'échapper au diktat américain, dans l'hypothèse d'un succès de Washington dans son projet de contrôle exclusif du Moyen-Orient. Et comme par ailleurs l'essentiel des échanges extérieurs de la Russie et des investissements étrangers qu'elle attire rapproche ce pays de l'Europe et non des États-Unis, il existe déjà un terrain favorable au rapprochement entre l'Europe et la Russie, en dépit des difficultés (causées par la gestion « comprador » de l'économie russe à laquelle des fractions importantes de la classe dirigeante nouvelle de ce pays sont associées) et des manipulations de l'impérialisme américain, apportant son soutien aux forces centrifuges qui opèrent en Russie et dans les autres États de l'ex URSS. Ici encore, comme en Europe, une évolution favorable aux classes travailleuses implique une autre politique extérieure, prenant ses distances à l'égard de Washington.

Le rapprochement entre la Russie, la Chine et l'Inde trouverait aisément sa raison d'être dans la menace militaire à laquelle ces trois grands pays sont exposés par les succès éventuels du déploiement des États-Unis en Asie centrale. Il reste que la diplomatie américaine s'emploie à rendre ce rapprochement aussi difficile que possible en mobilisant à son profit les contradictions propres aux visions politiques de chacun des trois partenaires et en soutenant les fractions compradores de leurs classes dirigeantes. Mais, au-delà des conflits géo-politiques que constituent les questions des frontières entre la Chine et l'Inde, celles concernant le Tibet et le Xinjiang, au-delà des manipulations de Washington qui à la fois « soutiennent » l'Inde contre la Chine et simultanément agitent le Pakistan et attisent les conflits entre musulmans et hindouistes de l'Inde, la stratégie des forces populaires définie à ce stade immédiat par les exigences de la constitution de fronts anti-compradores doit prendre encore une fois, ici comme ailleurs, la mesure des rapports étroits que la gestion compradore (en place en Russie et en Inde, menaçant en Chine) entretient avec les exigences des diktats géo-politiques américains.

Troisième proposition : faire revivre la solidarité afro-asiatique des peuples (l'esprit de Bandoung), faire revivre la « tricontinentale ».

Cette solidarité des peuples du Sud passe aujourd'hui par leur lutte contre les pouvoirs compradores à la fois produits et soutiens de la mondialisation « libérale ». Les thèmes évoqués plus haut à propos de l'alternative le progrès social, la démocratisation, l'autonomie nationale trouvent ici toute leur raison d'être.

Sans doute la légitimité de ces pouvoirs compradores est-elle largement remise en cause dans beaucoup de pays du Sud. Néanmoins les réponses données par les peuples aux défis que constitue l'insertion libérale du Sud dans le nouveau système impérialiste ne sont pas toujours de nature à faire progresser l'émergence d'alternatives définies en termes de démocratisation, progrès social et construction d'une interdépendance mondialisée juste et négociée. Pour diverses raisons, tenant entre autres à l'érosion des formules du populisme national caractéristiques de la période précédente issue de l'essor des mouvements de libération nationale comme aux pratiques autocratiques de la gestion politique (en dépit de la rhétorique « démocratique »), encore dominantes dans de nombreux pays, les classes populaires en désarroi se réfugient fréquemment dans les illusions de « fondamentalismes » ethniques ou religieux, à leur tour largement manipulés par les classes dirigeantes compradores locales, soutenues en cela par l'impérialisme, notamment étatsunien. Il s'agit d'authentiques régressions qu'il faut avoir la lucidité et le courage de combattre ; et celles-ci constituent aujourd'hui un obstacle majeur à la reconstruction de la solidarité des peuples afro-asiatiques (en accusant les conflits souvent criminels entre musulmans et hindous ici, Hutu et Tutsi là, etc.). L'impasse que constituent ces régressions communautaristes trouve son expression extrême lorsque des personnages aussi douteux que les Taliban, Ben Laden ou Saddam

Hussein, qui avaient eux-mêmes été les bénéficiaires de soutiens généreux de la CIA, consacrés par la suite « ennemis majeurs » des États-Unis, peuvent, de ce fait, apparaître comme tels aux yeux de larges opinions populaires.

En contrepoint se dessinent ici et là des recompositions d'alliances nationales populaires et démocratiques, comme celles qui ont abattu certaines dictatures (on pense au Mali à titre d'exemple), mis un terme à l'apartheid en Afrique du Sud et assuré la victoire électorale de Lula au Brésil. Ce sont ces avancées si modestes aient-elles pu avoir été dans la conjoncture actuelle dominée par l'agression impérialiste qui sont porteuses, à terme, de la renaissance du front des peuples du Sud.

En conclusion

Les combats pour la justice sociale, la démocratie et un ordre international pluricentrique équilibré sont inséparables. L'establishment étatsunien l'a compris. C'est pourquoi il tente d'imposer son ordre international hégémonique en substituant au droit le recours à la force militaire, sachant que c'est là pour lui le seul moyen d'imposer l'ordre social « néo libéral » injuste, condamnant par là même la démocratie à l'avilissement là ou elle existe, la rendant impossible ailleurs. Il importe que les mouvements de résistance et de luttes des peuples le comprennent également. Qu'ils comprennent que leurs projets d'avancées sociales et démocratiques n'auront d'avenir que si d'abord le projet étatsunien d'hégémonie militarisée est mis en échec.

2

Une perspective africaine du 11 septembre 2001

Mahmood Mamdani

Le présent exposé porte sur un seul événement, les attentats du 11 septembre 2001. Quelles réflexions devrait nous inspirer cet événement ? Quelles en sont les causes ? Quelles sont les conséquences qui pourraient en découler ? Dans ce contexte, une interprétation de ces événements est déjà avancée, interprétation que nous pouvons considérer comme relevant du *langage culturel*.

Ainsi, en parlant de la période qui a suivi la guerre froide, nous considérons qu'il s'agit de l'ère de la mondialisation. Le langage culturel est ainsi perçu comme le langage de la mondialisation. Le nouveau monde globalisé est fondé sur un code culturel. En effet, la culture s'est substituée à la société comme concept-clé d'organisation de la réalité sociale. De ce point de vue, les identités culturelles mondiales sont considérées comme des indicateurs plus fiables de l'état du monde que les processus sociaux internes. Cette nouvelle perception de la culture est éminemment politique. Elle est différente de la vision anthropologique de la culture qui est un face à face intime et local. Dans cette optique, l'aspect stratégique du langage culturel s'en trouve atténué. À l'inverse, la perception politique de la culture se décline en vastes réalités géopolitiques. Le langage culturel se fonde sur deux hypothèses. La première étant que chaque culture a une essence qui la définit. Dans cette optique, la politique est considérée comme le corollaire de la culture. Ainsi, si la démocratie est assimilée à l'Occident, le terrorisme est perçu comme islamiste ou arabe. C'est ainsi que l'expression terrorisme islamiste est utilisée à la fois pour décrire et pour expliquer les événements du 11 septembre 2001.

Le langage culturel stratégique part également du principe que le monde est divisé en deux groupes : les prémodernes et les modernes. Les modernes font la culture et en sont les promoteurs. À l'inverse, la culture prémoderne est perçue non comme un fait ponctuel mais une habitude. Ainsi, au lieu d'être des créateurs de culture, les prémodernes sont perçus comme perpétuant leurs traditions à l'exemple de passagers qui emportent des bagages pour un voyage : ils ne sont pas des promoteurs, mais des agents de la culture. Même si les prémodernes ne peuvent pas être tenus pour responsables de leurs actions, on pense néanmoins qu'il faut les contenir, collectivement si cela s'avère nécessaire, même au prix de la détention, pour le bien de la civilisation.

Avant le 11 septembre 2001, les Africains étaient considérés comme le meilleur exemple de peuple résistant à la modernité. Après ces événements, les musulmans et les Arabes les ont succédé à la première place. La différence résidait dans le fait que les Africains constituaient une menace uniquement et pour eux-mêmes. Les médias occidentaux qualifiaient la violence africaine de violence de « Noirs sur les Noirs ». Quant aux musulmans, ils sont encore pires dans la mesure où ils représentent une menace pour eux-mêmes et pour les autres.

Dans le présent exposé, nous présenterons une autre interprétation du langage culturel, une interprétation plus politique et historique. Les événements du 11 septembre 2001 ne sont pas la résultante d'un choc de civilisations profondément enraciné mais plutôt d'une histoire plus récente. Pour en induire un sens, nous situerons le 11 septembre dans le contexte de la guerre froide. Cette mise en perspective par rapport à la guerre froide se fera sous l'angle de l'Africain. Notre interprétation fera le lien entre ces deux types de violence qui sont considérées comme culturelles, la violence des « Noirs sur les Noirs » et le « terrorisme islamiste » et les situera dans une dynamique unique, celle de la défunte guerre froide.

Quelques observations sur le fondamentalisme

Nous voulons tout d'abord faire un certain nombre d'observations sur le fondamentalisme. Le fondamentalisme est en effet un terme qui a été inventé en 1920 par un pasteur protestant américain, le Révérend Curtis Lee Laws. Le Révérend Curtis Lee Laws était membre de l'Église presbytérienne de Princeton qui défendait les fondamentaux de la chrétienté contre les libéraux de l'Église. Plus précisément, elle défendait cinq dogmes fondamentaux infaillibles de l'Évangile et devant faire l'objet d'une interprétation littérale : la naissance du Christ, sa résurrection, la réalité objective des miracles, etc. Entre 1910 et 1915, cette mouvance a fait publier 13 opuscules en édition de poche, à raison de 3 millions d'exemplaires d'opuscules. Intitulés *Les Fondamentaux*, ils ont été expédiés à tous les pasteurs, enseignants et étudiants en théologie du pays.

Le Fondamentalisme est né d'un conflit au sein d'une religion et non entre religions ; il s'agissait d'un conflit au sein d'une civilisation et non entre civilisations. En 1925, l'État du Tennessee a criminalisé l'enseignement de la théorie de l'évolution. Quelques mois plus tard, Scopes, un enseignant de biologie dans un établissement scolaire du Tennessee a reconnu avoir enseigné la théorie de l'évolution de Darwin pendant un cours de biologie. Le procès de Scopes s'est déroulé en 1925. Il a opposé un politicien démocrate et ancien candidat à la présidence bien connu, William Jennings Bryant, à un avocat d'égale réputation représentant le Liberal American Civil Liberties Union. Le vieux Bryant a été humilié pendant le procès : il a dû admettre qu'une définition littérale de la Bible n'était pas défendable, que le monde n'aurait pas pu être créé en six jours et qu'il n'avait pas que 5000 ans d'âge. Après avoir été tourné en dérision au tribunal, il s'est éteint deux jours plus tard.

Les fondamentalistes protestants se sont retirés de la vie publique américaine après le procès. Ils ont créé leurs propres institutions. Ainsi, la contre-culture fondamentaliste était incarnée par l'Université Bob Jones créée en 1927. Les fondamentalistes sont retournés à la vie politique aux États-Unis en deux phases : tout d'abord après la Deuxième Guerre mondiale dans les années 50 et la seconde après le mouvement des droits civiques dans les années 70. La première phase était conduite par les évangéliques. Ils ont pris position contre le retrait et la séparation fondamentaliste et se sont prononcés en faveur de l'unité avec d'autres chrétiens conservateurs. Ils avaient à leur tête des « télé-évangélistes », et en particulier Billy Graham, qui est rapidement devenu le conseiller spirituel préféré de la plupart des présidents américains.

La deuxième phase du retour sur la scène des fondamentalistes fait suite à la décision rendue par la Cour suprême des États-Unis dans l'affaire Roe contre Wade qui reconnaissait le droit naturel de la femme à l'avortement. Elle a également entraîné l'implication directe des fondamentalistes dans la vie politique. Jerry Fallwell a remis en cause le droit des chrétiens d'apprendre des Églises noires et du Mouvement des droits civiques. Fallwell a créé la Majorité morale en 1979 et a appelé les chrétiens à changer l'histoire. Dans cette optique, il a déclaré que l'idée de « la séparation de la politique et de la religion » est une idée diabolique destinée à empêcher aux chrétiens de diriger leur propre pays !

Fallwell a fait des sermons politiques appelés Jérémiades. Il a quali-fié l'avortement d'holocauste biologique et le SIDA de jugement de Dieu contre l'immoralité, l'avortement et l'homosexualité. Le principal résul-tat du Fondamentalisme protestant a été de bloquer le vote de l'amen-dement sur l'égalité des droits, un amendement constitutionnel qui était destiné à accorder l'égalité des droits aux hommes et aux femmes aux États-Unis.

Au milieu des années 70, des sondages Gallup indiquaient qu'un tiers d'adultes américains, soit près de 50 millions, se définissaient comme « renés ». En 1980, les fondamentalistes ont organisé dans la capitale fédérale une grande manifestation baptisée « Washington pour Jésus ». En 1983, Ronald Reagan, un Président « rené » a prononcé un discours devant l'Association nationale des évangéliques au cours duquel il a qualifié l'Union soviétique « d'empire du mal ».

En 1992, pendant la Convention républicaine de Houston au Texas, le candidat de la droite chrétienne Patrick Buchanan a annoncé l'avène-ment d'une « guerre religieuse ». Il a ainsi déclaré qu'il s'agissait « d'une guerre culturelle aussi importante pour le type de nation que nous se-rons que la guerre froide elle-même, dans la mesure où cette guerre est menée pour l'âme de l'Amérique ». Lors de la survenue des événements du 11 septembre 2001, Jerry Fallwell et Pat Robertson ont publiquement déclaré qu'il s'agissait « d'un jugement de Dieu contre les péchés des humanistes laïcs aux États-Unis ».

Dans la suite de l'exposé, nous dirons quelques mots sur deux ques-tions liées : l'implication de la droite chrétienne dans la politique étran-gère des États-Unis pendant l'administration Reagan et le lien croissant entre la droite chrétienne et la droite sioniste juive après le 11 septem-bre.

À présent, nous voulons résumer ce bref aperçu historique en met-tant en évidence une différence historique importante entre l'islam et le christianisme. À l'inverse du christianisme, le courant principal de l'is-lam ne dispose pas d'une hiérarchie religieuse institutionnelle parallèle à la hiérarchie laïque de l'État. En fait, par fondamentalisme chrétien, nous entendons l'intrusion du clergé chrétien dans la sphère politique. L'on observe le mouvement contraire dans le cadre de la politique isla-miste contemporaine : l'implication des intellectuels laïcs dans le do-maine religieux. C'est pourquoi nous pensons qu'il est plus exact de parler d'islam politique et non de fondamentalisme islamique. Si le fon-damentalisme protestant s'est développé à l'initiative du clergé, l'islam politique quant à lui est davantage l'initiative d'intellectuels politiques. Dans ce contexte, les figures de proue du développement de l'islam politique au XXᵉ siècle sont l'Indien Mawdudi qui est plus tard devenu journaliste pakistanais, l'intellectuel égyptien Sayyed Qutb, spécialiste de la littérature et de la pédagogie et l'intellectuel humaniste iranien Ali Shariati. Il faut préciser que ces personnalités sont des intellectuels et non des dignitaires religieux. L'exception notable à cette généralisation est l'Ayatollah Khomeini en Iran. Confronté à l'intellectuel politique Ali Shariati, Khomeini a transformé les oulémas (juristes islamistes) en garants constitutionnels de la souveraineté dans le cadre du mécanisme constitutionnel qu'il a appelé Vilayat al Fiqh.

Notre idée-force est que le développement d'une tendance fondamentaliste chrétienne n'a pas de pendant dans l'islam ou dans les autres religions. Dans l'islam ou l'hindouisme, l'extrémisme politique religieux est l'œuvre d'intellectuels politiques qui ont poussé le clergé à réagir.

La pensée politique islamiste contemporaine comporte deux principales tendances : la tendance sociale et la tendance à orientation étatique. Les deux tendances ont des implications politiques contradictoires. Le projet de la tendance sociale est de créer des mouvements sociaux islamistes en faveur des réformes sociales. À l'inverse, la tendance à orientation étatique ne repose pas sur l'organisation et l'action populaires. Elle trouve par conséquent suspect tout projet de société. Les intellectuels étatiques ont été soit intégrés dans les régimes islamistes actuels tels qu'au Pakistan ou en Arabie Saoudite ou alors ils ont évolué dans des groupes isolés en opposition aux Etats et à distance des mouvements sociaux.

Notre argumentation est que la terreur politique est l'œuvre des tendances étatiques et non des mouvements sociaux. Ainsi, la véritable question que nous devons nous poser aujourd'hui, au lendemain du 11 septembre, est de savoir comment cette tension qui est alimentée par de petites factions très isolées a franchi le cap de la parole à l'acte, de la pensée à l'action ? Il a fallu multiplier leur chiffre et, au-delà, renforcer leur organisation, leur formation et leurs ressources afin d'accroître leur portée et à terme leur confiance.

La réponse à cette question permet de tirer un enseignement important : le terrorisme n'est pas un courant religieux. Il est plutôt un courant politique né d'une rencontre politique pendant la guerre froide. Cette rencontre sera l'objet du présent exposé.

Mahmood Mamdani

La défunte guerre froide

En 1975, j'étais jeune enseignant à l'Université de Dar-es-Salaam. L'année 1975 constitue en effet une date importante parce qu'elle est celle de la défaite des États-Unis au Vietnam et de la chute des dernières colonies européennes en Afrique. Ensemble, ces deux événements ont induit un changement dans le centre de gravité de la guerre froide, de l'Asie du Sud-Est à l'Afrique australe. Après la chute de l'empire portugais en Afrique, qui était chargé de recoller les morceaux ? les États-Unis ou l'Union soviétique ?

Nous faisons référence à la période postérieure à 1975 comme celle de la défunte guerre froide. Le changement de stratégie des États-Unis pendant la guerre froide a été déterminé par deux leçons tirées de la guerre d'Indochine. L'un des enseignements a été tiré par le pouvoir exécutif et il a été baptisé la Doctrine Nixon tandis que l'autre leçon a été tirée par le législatif sous la forme d'un amendement appelé l'Amendement Clark.

Les deux enseignements découlent de deux guerre s différentes mais ayant un lien, la guerre du Vietnam et celle du Laos. Le conflit vietnamien a impliqué des centaines de milliers de soldats de l'armée de terre américaine. Il a été « américanisé ». En revanche, un Traité de 1962 entre Moscou et Washington a permis d'éviter l'implication de l'armée de terre américaine au Laos. Afin de surmonter cet obstacle, les États-Unis ont défini une stratégie en deux temps au Laos : une guerre par procuration appuyée par une bataille aérienne féroce. La guerre par procuration supposait l'organisation d'une armée privée et à base ethnique de 30 000 combattants Hmong. Cette armée de mercenaires avait à sa tête un seigneur de la guerre hmong, le Général Yang Pao et elle était financée par un trafic d'opium extrêmement lucratif et en progression rapide.

Un jeune doctorant de l'Université de Yale s'est rendu au Vietnam et au Laos dans les années 70 afin de mener des recherches sur l'économie politique de la production de l'opium et sa transformation en opium de grande qualité pour un nombre de plus en plus important de soldats américains au Vietnam. Permettez-nous en deux mots de résumer les conclusions auxquelles l'étudiant est parvenu dans sa thèse de doctorat. L'opium était cultivé dans les villages hmong ; l'administration américaine a financé la construction de 150 pistes d'atterrissage afin de rendre ces villages accessibles par air. Un avion de la CIA appelé Air America collectait l'opium des villages éparpillés dans la région et l'amenait dans un laboratoire de traitement de l'héroïne appartenant au Général Yang

22

Pao situé à proximité des locaux de la CIA au Laos. L'ironie bien évidemment était que la CIA apportait une couverture politique au commerce de l'opium et de l'héroïne qui a provoqué d'une façon ou d'une autre l'addiction à l'héroïne de 15% des soldats d'après des études menées par l'armée américaine elle-même.

La guerre par procuration au sol était appuyée par une guerre aérienne américaine. C'est au Laos que les États-Unis ont découvert une nouvelle doctrine de guerre : ainsi contrairement aux hypothèses antérieures, l'armée de l'air peut gagner une guerre à condition qu'il n'y ait pas de limite politique à l'intensité des bombardements et par conséquent à l'ampleur des destructions de biens et au bilan des pertes en vies humaines. Plus tard, dans le jargon officiel de l'administration américaine, les pertes en vies humaines civiles et les destructions de biens ont été désignées par l'expression austère et générique de « dommages collatéraux »

Les bombardements du Laos ont été d'une intensité sans précédent, comparés à ceux de la Deuxième Guerre mondiale. Ainsi, un groupe de scientifiques de l'Université Cornell est parvenu à la conclusion que ces bombardements avaient violé le principe de la proportionnalité entre l'objectif recherché et les dommages causés, un principe que les États en guerre sont tenus de respecter aux termes des Conventions de Genève sur les guerres. Dans cette optique, Neil Sheelan, lauréat du Prix Pullitzer et journaliste au *New York Times* écrivait dans un article que « les batailles aériennes peuvent constituer des crimes de guerre pour le gouvernement américain et ses dirigeants ».

Les dernières années de la guerre d'Indochine ont coïncidé avec une résurgence du sentiment pacifiste aux États-Unis. En conséquence de quoi, un certain nombre de pacifistes ont été élus aux États-Unis dans les deux Chambres. Leur influence a entraîné le vote d'un certain nombre de lois en faveur de la paix telles que le War Powers Act, la loi sur la liberté de l'information et l'Amendement Clark qui interdisait l'exécutif américain y compris le Pentagone et la CIA de fournir une assistance aux combattants impliqués dans la guerre civile en Angola.

Pendant la période de validité de l'Amendement Clark, c'est-à-dire de 1975 à 1985, l'éxécutif américain a recherché les moyens de ne pas rendre des comptes au pouvoir législatif. Dans ce contexte, les leçons tirées de la guerre du Laos revêtent toute leur pertinence. Ainsi, le concept de guerre par procuration est devenu un précédent d'une importance immédiate, une guerre menée par l'entremise d'autres parties, ce qui évite ainsi à l'administration américaine de rendre des comptes au Congrès. À l'inverse, le précédent laotien d'une guerre américaine féroce sans limite politique quant à la destruction de biens et aux pertes en vies humaines civiles ne pouvait être remis au goût du jour qu'après la chute de l'Union soviétique et l'émergence d'une suprématie américaine mondiale sans conteste. Après la campagne du Laos, les États-Unis ont une fois de plus fait usage de leur puissance de feu aérienne de façon illimitée pendant la guerre du Golfe en 1991.

L'argument que nous voulons à présent faire valoir est le suivant : après la défaite militaire au Vietnam et le scandale du Watergate au plan intérieur, et face à un fort sentiment pacifiste, l'administration américaine a décidé de mobiliser et même d'alimenter le terrorisme contre des régimes qu'il considérait comme pro soviétiques et rester ainsi dans les norme. Cette leçon a été appliquée tout d'abord en Afrique australe et ensuite en Amérique centrale et en Asie centrale. Ces trois régions du monde symbolisent trois étapes successives de la guerre froide. Chaque phase permettant de tirer une leçon. Ensemble, elles peuvent être combinées afin de former une courbe d'apprentissage unique.

L'Afrique australe
Du fait de l'accélération de la dynamique du mouvement de décolonisation de l'Afrique portugaise au milieu des années soixante dix, les responsables américains considéraient le régime d'apartheid comme son allié le plus sûr dans la région. Le partenariat entre l'administration américaine et le régime d'apartheid d'Afrique du Sud a permis de soutenir deux mouvements clés qui avaient pour ligne d'action un mélange de terrorisme et de politique à divers moments de leur existence : la RENAMO au Mozambique et l'UNITA en Angola[1]. La RENAMO a commencé ses activités comme un mouvement insurrectionnel qui a été contraint d'apprendre l'art de l'organisation politique comme stratégie de survie alors que l'UNITA a commencé comme mouvement politique qui a appris la pratique insurrectionnelle pendant son existence. La RENAMO était en quintessence un mouvement terroriste qui ciblait les civils ; en revanche l'UNITA était un mouvement plus politique dont le recours à la terreur était davantage lié à des considérations tactiques plutôt que stratégiques.

La RENAMO a été créée par l'armée rhodésienne en 1970. À la fin du régime blanc en Rhodésie en 1980, elle a bénéficié du soutien de l'armée sud-africaine. Les États-Unis n'ont jamais apporté un soutien direct à la

RENAMO. Toutefois, ils ont apporté un soutien considérable à l'Afrique du Sud juste au moment où l'armée sud-africaine a pris les leviers de contrôle du gouvernement et a décidé de faire passer la politique régionale de la détente aux «conflits généralisés ». L'administration Reagan a rationalisé ses liens avec le régime d'apartheid sud-africain en parlant « d'engagement constructif », une démarche qui était destinée à enrayer directement les pressions internes en faveur des réformes du système d'apartheid après le soulèvement de Soweto en 1976. Plus tard, la RENAMO a bénéficié de l'appui direct de l'Afrique du Sud et appliqué une politique qui tirait parti des politiques impopulaires du FRELIMO telles que le travail forcé et l'implantation forcée dans les villages.

Comment pouvons-nous définir la responsabilité de l'administration américaine dans la propagation de la politique de terreur au Mozambique ? Les États-Unis n'ont pas directement soutenu la politique de terreur au Mozambique ; des structures précises du gouvernement américain telles que le Département d'État ont même décrit et dénoncé les massacres de civils et les destructions de biens par la RENAMO. Dans le même temps, « l'engagement constructif » servait de couverture politique à tous ceux qui étaient impliqués dans des activités de terreur à des fins politiques. Si l'administration américaine n'avait pas eu la position qu'elle a adoptée, le régime d'apartheid d'Afrique du Sud n'aurait pas pu poursuivre avec impunité sa politique de terreur au Mozambique et en Angola.

Il faut dire qu'en cela l'Afrique n'avait pas encore connu l'expérience d'une guerre au cours de laquelle la terreur politique était délibérément utilisée contre des civils. La RENAMO donnait ainsi le premier exemple d'une guerre dont les objectifs n'étaient pas militaires mais civils. C'était tout le contraire d'une guérilla parce que si, en règle générale, la guérilla se comporte comme un poisson dans l'eau, ici, l'objectif de terreur est d'évacuer l'eau et isoler le poisson. Même si toute l'eau était évacuée et toutes les autres formes de vie détruites, il s'agissait d'une conséquence non voulue, tout simplement des dommages collatéraux.

Nous ne voulons pas donner l'impression que c'était la seule voie de développement du terrorisme politique pendant la guerre froide. Il y en avait plusieurs. La quête impérialiste de voies et moyens de réduire le soutien populaire aux militants des mouvements nationalistes comme le FRELIMO et le MPLA était l'une d'entre elles. Au même moment, nous considérons que cette méthode particulière qui a entraîné le développement de mouvements terroristes comme la RENAMO au Mozambique et les contras au Nicaragua est la voie principale. Ceci pour une seule raison : sans l'adoption de la stratégie de la terreur par une superpuissance, il n'y aurait jamais eu cet environnement mondial d'impunité politique qui a permis d'alimenter la terreur politique.

Permettez-nous de parler brièvement des deux autres voies du développement du terrorisme politique. La deuxième voie est celle opposée à la voie principale inaugurée par les États-Unis et ses satellites. Elle était la résultante de la dégénération interne des mouvements de guérilla. Le développement de groupes d'autodéfense et de gangs de rue dans la lutte anti-apartheid en Afrique du Sud a été largement décrit dans le rapport de la Commission Vérité et Réconciliation. Des rapports récents révèlent des tendances similaires au sein de l'OLP et d'autres mouvements palestiniens. Dans notre propre région, nous avons l'exemple de la SPLA (l'Armée de libération du Sud Soudan), qui était accusée de recrutement forcé à travers des enlèvements de jeunes et même d'enfants.

Une voie différente atteste du développement du terrorisme politique de groupes non-idéologiques qui reflète une profonde crise sociopolitique sans solution en vue. La voie non idéologique est illustrée par l'histoire et la pratique de mouvements tels que le RUF en Sierra Leone et la LRA dans le Nord de l'Ouganda. Les deux mouvements ont exaspéré et terrorisé les populations locales sans tenter véritablement de l'organiser. Par ailleurs, les recherches disponibles semblent indiquer que ces mouvements ont recruté leurs premiers cadres dans les couches les plus marginalisées de la population, c'est-à-dire celles qui ont été victimes des pratiques du terrorisme d'État.

Nous en voulons pour preuve un exemple récent. Un jour de 1990, des forces armées ont marché sur Freetown, violant, pillant et tuant plus de 5000 civils. La réaction des États-Unis et de la Grande-Bretagne à la pratique de la terreur, qu'elle soit le fait de soldats gouvernementaux ou d'éléments du RUF était de toujours appeler à la réconciliation. La réconciliation dans ce contexte étant un message codé synonyme de partage du pouvoir avec les terroristes.

Le Nicaragua
La révolution nicaraguayenne a chassé du pouvoir un dictateur brutal en 1979. Un an plus tard, en 1980, le Président Ronald Reagan accédait au pouvoir aux États-Unis. En novembre 1981, le Président Reagan, si-

gnait la Directive de sécurité nationale n° 17 mettant à la disposition de la CIA 19,7 millions de dollars afin de créer une force paramilitaire pour des attaques au Nicaragua. Au fil des ans, la CIA a développé cette force paramilitaire, les contre-révolutionnaires appelés contras. Aux fins du présent exposé, deux aspects de la relation entre les contras et l'administration américaine sont importants.

Alors que jusque-là l'administration américaine n'avait apporté au terrorisme qu'une couverture politique, elle s'est à présent directement impliquée dans le développement même des mouvements terroristes. Au lieu d'une relation timide et permissive comme en Afrique australe, l'Amérique centrale nous donne l'exemple d'une culture active et éhontée de la terreur par une superpuissance. L'administration américaine a mis sur pied et soutenu les contras comme les services de sécurité sud-africains / rhodésiens ont créé et appuyé la RENAMO.

Les contras utilisaient les mêmes tactiques que la RENAMO : destruction de ponts et de centres de santé, assassinat du personnel de santé, de juges et même de dirigeants de coopératives. Un groupe de défense des droits de l'homme basé à Washington a fait valoir la loi sur la liberté de l'information pour avoir accès à un manuel de la CIA destiné aux contras intitulé *Opérations psychologiques de guérilla*. Mimant le jargon de la guérilla, il qualifie les terroristes de « guerilleros », le manuel appelle au recours à « la propagande armée » et suggère « l'usage sélectif de la violence ». La CIA prônait l'usage sélectif de la violence en ces termes : « si la politique gouvernementale ne peut pas mettre un terme aux activités de guérilla, la population perdra confiance au gouvernement qui a la mission inhérente de garantir la sécurité des citoyens. Toutefois, les guérillas devraient veiller à ne pas user d'une terreur trop évidente parce que cela entraînerait une baisse du soutien populaire ».

L'objectif du terrorisme n'était pas de prendre le pouvoir ou susciter le soutien des populations civiles. Il s'agissait plutôt d'amener le gouvernement à avoir une réaction excessive. Cet objectif était cynique : susciter la répression afin de discréditer le pouvoir aux yeux des citoyens. Pour les États-Unis, l'objectif était de le faire tout en refusant d'en assumer la responsabilité. Il faut se rappeler que la violence des contras était justifiée par le fait que « les Nicaraguayens combattaient des Nicaraguayens » tout comme les violences perpétrées au Mozambique ou au Kwazulu Natal en Afrique du Sud étaient qualifiées de « violences de Noirs contre des Noirs ». L'argument était ici de démontrer que telle était la nature des populations autochtones qui étaient tout simplement incapables de régler pacifiquement leurs différences, de vivre en respectant l'État de droit.

La situation au Nicaragua illustre également l'implication de la CIA dans des attaques terroristes à grande échelle en utilisant des satellites régionaux et les avoirs individuels de la CIA. L'exemple le plus connu est celui du minage des ports nicaraguayens. Suite à l'indignation publique suscitée par cette action, le Congrès des États-Unis a voté l'Amendement Boland qui a réduit de manière substantielle l'aide aux contras, la ramenant au quart de ce que l'administration Reagan avait demandé. La réaction de l'exécutif fut de se tourner vers les sources privées notamment des seigneurs et des syndicats de la drogue, des mercenaires de la droite religieuse. Le résultat fut une privatisation accrue de la guerre.

L'alliance entre la CIA et les seigneurs de la drogue était fondée sur des intérêts mutuels : la CIA assurait la protection politique en échange de financements illicites. Suite au scandale de l'Iran-Contra, la Commission Kerry du Sénat américain enquêta sur cette relation et mit en évidence une foule d'exemples d'avions similaires qui transportaient des armes pour les contras et ramenaient de la drogue aux États-Unis. Le *San José Mercury*, un important journal de Californie, publia une série de rapports sur la manière dont cette relation de la CIA contribua à la montée du cartel Medallin. En effet, l'alliance entre la CIA et les contras permit au cartel de faire entrer à Los Angeles de la cocaïne destinée à être vendue à des gangs de rue noirs. La CIA s'inscrivit vivement en faux contre ces rapports pendant que les Contras étaient en activité, mais l'enquête interne de la CIA confirma ces accusations – bien que ce soit seulement à la fin de la Guerre des Contras et que les Sandinistes eussent perdu le pouvoir.

Oliver North, membre du National Security Council (Conseil fédéral de sécurité) du Président Reagan, prit la tête de la privatisation de la guerre . Il joua un rôle essentiel dans la mise en place de connexions, non seulement avec les seigneurs de la guerre , mais aussi avec des mercenaires de droite et la droite religieuse. Dans les rangs de cette dernière, on comptait les Révérends Pat Robertson et Moon du Unification Church (l'Église de l'Unification).

Dans leur soutien aux contras, les États-Unis apparurent également comme des champions dans l'art d'associer de nouveau la terreur à la politique électorale pour convaincre les populations que le seul moyen de mettre fin au terrorisme était de donner le pouvoir aux terroristes. Les Sandinistes perdirent le pouvoir pour deux raisons, dont une seule met en évidence leurs propres erreurs, tandis que l'autre est une illustration des bienfaits politiques du terrorisme. Le même enseignement peut être tiré de l'avènement de Charles Taylor au pouvoir au Liberia.

L'Afghanistan

Deux révolutions populaires mirent fin à deux dictatures brutales en 1979. L'une de ces dictatures était celle de Somoza au Nicaragua et l'autre celle du Shah d'Iran. En février 1979 en effet, on assista à la première occupation de l'ambassade des États-Unis en Iran. Sur l'invitation de Khomeini et de son Premier ministre, Bazargan, les étudiants quittèrent l'ambassade. En mars, les États-Unis accueillirent le Shah à New York pour des raisons médicales. Suivit une seconde occupation estudiantine. Cette fois-ci, le gouvernement révolutionnaire ne fit rien pour mettre fin à l'occupation. Les étudiants libérèrent les femmes et les soldats noirs ; 52 diplomates américains furent pris en otage pendant 444 jours. En septembre 1980, Sadam Hussein envahissait l'Iran, avec l'appui enthousiaste des États-Unis. La guerre qui s'ensuivit fut marquée par la toute première utilisation d'armes chimiques après le Vietnam.

L'année 1979 marque aussi l'éclatement de la guerre d'Afghanistan. Cette guerre fut différente sous plus d'un rapport. En effet, à l'opposé de la guerre des contras, elle eut lieu à la frontière soviétique. Ce fut la plus grande guerre de l'époque ; le montant du financement de la guerre d'Afghanistan par la CIA excéda celui de toutes les guerres secrètes, tout comme l'Afghanistan fut le théâtre de la plus importante mobilisation à l'étranger de troupes soviétiques depuis la Seconde Guerre mondiale.

À la différence des autres guerres par pays interposés de portée régionale, les États-Unis menèrent la guerre d'Afghanistan en s'appuyant sur une alliance internationale. Ils firent aussi cette guerre non pas pour sauvegarder des intérêts régionaux ou nationaux l'indépendance de l'Afghanistan mais pour une raison stratégique internationale : saigner l'Union soviétique à blanc. C'est pour cette raison que la guerre fut menée avec intransigeance, comme une guerre hautement idéologique et que ni les coûts ni la proportionnalité ne semblaient revêtir aucune importance. Chose plus importante pour l'avenir de l'Afghanistan, les États-Unis montrèrent peu d'intérêt pour les mouvements nationalistes afghans qui préconisaient l'unité du peuple pathan qui vit actuellement de part et d'autre de la frontière pakistano-afghane.

29

Ayant qualifié la guerre de « religieuse », de croisade contre « l'Empire du mal » et de Jihad contre le « communisme athée », les États-Unis entreprirent d'organiser une alliance islamique mondiale. Ils recrutèrent des cadres musulmans pour la guerre aussi bien de pays majoritairement musulmans tels que l'Indonésie et l'Algérie en passant par le Pakistan et le Soudan, que des pays à minorité musulmane tels que la Chine, certains pays d'Europe et les États-Unis. S'étant engagée dans une guerre dont l'issue ne pouvait être que la défaite ou la victoire, l'administration Reagan était décidée à l'emporter coûte que coûte.

En mars 1985, le président Reagan signa la Directive de Sécurité nationale n°166, qui autorisait le renforcement de l'assistance militaire aux Moudjahiddins, terme qui désignait les guérillas anti-soviétiques. L'objectif fixé n'étant ni plus ni moins que la défaite de l'Union soviétique, William Casey, chef de la CIA, prit trois décisions en 1986. La première était de fournir des conseillers américains et des missiles Stinger aux guérillas afghanes. La deuxième, de transporter la guerre dans les républiques soviétiques du Tajikistan et de l'Uzbekistan, et la troisième de recruter des musulmans partout dans le monde pour cette Guerre sainte.

Toutes ces mesures visaient à coller à la guerre une étiquette idéologique qui en ferait une guerre religieuse pour l'islam, une jihad. L'histoire de la jihad après la période qui suivit immédiatement la formation des États dans les pays islamiques n'offre que deux exemples de jihad en tant que guerre sainte. Le premier est la guerre contre les croisés, dirigée par le guerrier kurde Saladin au XIIᵉ siècle. Le second est la guerre contre l'occupation ottomane de l'Arabie Saoudite au XVIIIᵉ siècle. Entre la jihad des Wahhabites en Arabie Saoudite et la défunte guerre froide, il n'y eut point de jihad pendant deux siècles. Après la jihad des Wahhabites, le monarque saoudien fit de la jihad une institution étatique contre toute opposition, intérieure ou extérieure, en se faisant le chantre d'une longue jihad en tant qu'institution militaire. C'est ce concept étatique saoudien qui fut repris par les hommes de Casey.

J'ai déjà fait observer qu'avant 1985 la droite religieuse islamique était divisée en deux tendances. Ceux qui étaient au pouvoir passaient pour des pro-Américains, à l'exemple des régimes d'Arabie Saoudite et du Pakistan, tandis que les groupes minoritaires qui s'opposaient aux régimes en place étaient considérés comme des traîtres à la cause palestinienne ou à l'Islam. Ces derniers groupes n'avaient pour tout programme que des actes terroristes isolés.

Revenons à la question que nous avons posée au début de cette discussion. Avant la guerre d'Afghanistan, l'islamisme de droite était un courant idéologique mal organisé et peu enraciné. La guerre d'Afghanistan lui fournit des partisans, une bonne organisation, des compétences, de l'envergure, de la confiance et un objectif cohérent. Les moyens mis en œuvre par les États-Unis pendant la Guerre d'Afghanistan au nom de la libération devinrent en fait des outils au service de la terreur. Comment en-est-on arrivé là ?

La jihad afghane fut une conception de la CIA en collaboration avec les services secrets pakistanais, saoudiens et égyptiens qui bénéficièrent de l'appui négligeable d'homologues de certains pays tels que la Chine, la Grande-Bretagne ou Israël. La CIA apporta des fonds, des équipements, des conseillers militaires et assura la formation de formateurs afghans et arabes hors du Pakistan et de l'Afghanistan. Son principal partenaire, l'ISI du Pakistan, organisa le transport intérieur, en liaison directe avec les organisations favorables à la jihad et forma les guérillas dans les territoires pakistanais et afghan.

Les recrutements étaient effectués principalement en Égypte, en Arabie Saoudite, en Algérie et dans d'autres pays arabes et islamiques. Les recrues furent appelées Afghans arabes. On y comptait des personnes de toutes sortes, des dissidents politiques d'obédience islamiste à des croyants religieux ardents d'une part, et des aventuriers à des criminels et psychopathes d'autre part. On ne s'accorde pas sur le nombre d'Afghans arabes qui furent formés au cours de la décennie que dura la Guerre d'Afghanistan. Les chiffres avancés vont de 35 000 à 100 000.

Les dirigeants des Afghans arabes étaient choisis par les services de renseignement saoudiens et approuvés par la CIA. Au sommet de la pyramide se trouvait Ossama Bin Laden, issu d'une famille riche et cultivée qui avait des liens étroits avec les États-Unis et la hiérarchie républicaine. La famille des Bin Laden compte parmi les principaux fournisseurs de fonds aux organisations caritatives américaines, ainsi qu'à de grandes institutions d'enseignement telles que Harvard et Yale.

Le recrutement de cadres pour la guerre était effectué essentiellement par des organisations caritatives islamiques. On ne dispose guère d'informations à ce sujet. Les informations à notre disposition font état de recrutements effectués en Afrique du Nord, notamment en Tunisie, par l'organisation caritative religieuse Tablighi Jamaat.

Pour assurer la formation des recrues, les écoles traditonnelles religieuses, les madrassahs, furent militarisés. L'USAID finança un programme d'enseignement à hauteur de 50 millions de dollars, somme qui fut entièrement mise à la disposition de l'Université de Nebraska. Au nombre des activités du programme figurait la production d'ouvrages scolaires. Voici deux exemples de contenus d'ouvrages de l'enseignement primaire qui furent produits dans le cadre de l'assistance américaine aux réfugiés afghans. Et vous jugerez si ces ouvrages étaient conçus pour promouvoir une éducation civique ou militaire.

Dans un ouvrage de mathématiques destiné à des élèves de 3e niveau âgés de 9 ans, on trouve la question suivante : « un groupe de Moudjahiddin attaque 50 soldats russes. 20 Russes sont tués. Combien de Russes ont-ils fui ? » Autre question qui, elle, figure dans un livre de mathématiques de quatrième niveau : « la vitesse d'une balle de Kalashnikov est de 800 mètres par seconde. Si un Russe est placé à une distance de 3200 mètres d'un Moudjahiddins et que ce dernier vise la tête du Russe, combien de secondes faudra-t-il pour que la balle frappe le Russe au front» ?

Le recrutement et la formation étant privatisés, la voie était tracée vers la privatisation de la guerre en Afghanistan. De même, plus la guerre se privatisait, plus elle conduisait à la privatisation des connaissances en matière de fabrication et de production de la violence. Le bombardement des tours du World Trade Center en 1993 fut un signal fort. Le procès qui se déroula au tribunal de New York révéla que les suspects avaient été formés par la CIA pendant la guerre d'Afghanistan. La bombe utilisée avait été mise au point selon les procédés chimiques prescrits dans le manuel de la CIA.

Lorsqu'il fallut financer la guerre, la CIA appliqua les enseignements tirés depuis la Seconde Guerre Mondiale, de la ville portuaire de Marseille en Birmanie, et du Laos en Amérique centrale. Sans surprise, pour la guerre d'Afghanistan comme dans d'autres circonstances, le commerce de la drogue apparut comme une importante source de financements. Le principal bénéficiaire des financements de la CIA fut Gulbuddin Hikmatyar. Connu comme l'islamiste politique le plus radical, Hikmatyar était également un grand seigneur de la drogue en Afghanistan. À lui seul, il contrôlait sept raffineries de cocaïne au Pakistan.

Lorsque les États-Unis annoncèrent pour la première fois qu'ils appuieraient fortement la résistance à l'Union soviétique en Afghanistan, le docteur Musto, enseignant à l'Université de Yale et membre du White House Drug Council (Conseil de la drogue de la Maison blanche) démissionna. Il déclara plus tard à Aldred McCoy, chercheur à l'Université de Yale que j'ai évoqué plus haut : « J'ai fait savoir au Conseil que nous allions en Afghanistan pour soutenir les cultivateurs d'opium dans leur bataille contre les Soviétiques. Ne devrions-nous pas essayer d'éviter ce que nous avons fait au Laos » ?

Voici quelques autres résultats des travaux de McCoy sur les relations de la guerre d'Afghanistan avec le commerce de l'opium et de la drogue. Chaque fois que les Moudjahiddins prenaient le contrôle d'une région, ils imposaient la culture de l'héroïne aux paysans comme un « travail révolutionnaire ». L'opium était collecté par les seigneurs de l'opium et vendu aux seigneurs de l'héroïne qui contrôlaient les laboratoires de traitement au Pakistan. Les seigneurs de l'opium et de l'héroïne comptaient parmi les plus grands dirigeants de la lutte de l'Afghanistan contre les Soviétiques. Dans le cadre d'un accord qui rappelait celui passé entre les contras et le Cartel Medallin en Amérique centrale, l'armée pakistanaise assurait le transport à la frontière dans les mêmes convois qui transportaient les armes au même point. La CIA apportait la couverture légale : à peu près à la date à laquelle la CIA commença à organiser les contras au Nicaragua, une directive présidentielle affirma qu'aucun « élément » de la CIA ne pouvait être condamné pour une affaire de drogue. La directive ne fut annulée qu'au lendemain de la guerre d'Afghanistan, subrepticement, par l'Administration Clinton. Des chiffres fournis par le Programme de lutte contre la drogue des Nations Unies peuvent étayer l'importance du commerce d'opium. Négligeable au début de la guerre contre les Soviétiques en 1979, la production de l'opium en Afghanistan atteignit le niveau effarant de 71 % de la production mondiale en 1990, soit un an après la fin de la guerre .

Le groupe Gulbudding Hikmatyar reçut plus de la moitié des armes fournies par la CIA pendant la guerre d'Afghanistan qui a vu affluer vers le Pakistan trois millions de réfugiés afghans. Étant privilégié dans la distribution des armes fournies par la CIA, ainsi que dans celle des fournitures du Gouvernement et des ONG américains, Hikmatyar avait la mainmise sur une bonne partie des livraisons destinées aux camps des réfugiés dont il se servait pour contrôler les camps et combattre les organisations de Moudjahiddins rivales.

La plus grande bataille de la jihad afghane eut lieu en 1988-89. Elle n'opposa pas les Moudjahiddins à l'armée soviétique ou au Gouvernement afghan, mais deux seigneurs de la drogue des Moudjahiddins. D'un côté, il y avait Mulla Nasim qui contrôlait les plus vastes plantations d'opium de la vallée, et de l'autre Gulbuddin Hikmatyar, maître des laboratoires d'héroïne au Pakistan.

Après le départ des Soviétiques, des factions de Moudjahiddins rivales, notamment des seigneurs de la drogue, se battirent pour le contrôle de la capitale, Kabul. La bataille de Kabul fut plus rude que toutes les batailles que les Moudjahiddins avaient livrées contre les Soviétiques. Au cours de cette bataille, des factions rivales bombardèrent des quartiers de leur propre ville.

Comme les factions de Moudjahiddins rivales violaient des femmes et pillaient des civils dans les quartiers, il n'est pas surprenant que lorsque les étudiants des madrassahs s'organisèrent sous l'appellation de Talibans – rappelez-vous que le mot Talib signifie « élève » et taliban en est le pluriel – la population les appuya vivement en tant que défenseurs de la loi et de l'ordre. Mais la loi était patriarcale. Elle consacrait les inégalités, la violence et était discriminatoire à l'égard des femmes et des enfants.

La guerre d'Afghanistan avait été menée par deux groupes : les recrues afghanes locales et les Afghans arabes recrutés à l'échelle internationale par la CIA. À la fin de la guerre, les recrues afghanes pouvaient rentrer dans leur foyer, à la différence des Afghans arabes qui n'en avaient pas. Lorsque quelques Afghans arabes retournaient chez eux, ils étaient jetés en prison par les gouvernements arabes qui savaient qu'ils avaient été formés à des techniques de guerre meurtrières et bien organisées. En conséquence, ils restèrent en Afghanistan en grand nombre. En se retirant après avoir accompli leur mission, les États-Unis laissèrent derrière eux des combattants de la libération d'hier littéralement plantés, sans abri, sans patrie, voire sans famille. Quand le besoin se faisait sentir, ils bénéficiaient de la protection et du concours d'un groupe de personnes influentes organisées autour de Ossama Bin Laden, qui avaient mis sur pied une organisation dénommée « La Base » - al Qaeda en arabe. L'organisation s'occupait du bien-être et de la formation des Afghans arabes et s'engagea à poursuivre la jihad, à orienter le combat vers la seule superpuissance. Nous reviendrons sur cette question plus loin. Pour le moment, il suffit de faire observer que ce n'était pas la première fois dans l'histoire que des alliés d'hier étaient abandonnés.

Les États-Unis : un empire démocratique

Je voudrais, pour conclure, dire un mot sur l'unique superpuissance et le défi qui nous interpelle aujourd'hui, à savoir comment défendre la liberté devant une puissance aussi effarante. Je commencerai par souligner un fait particulier qui distingue les empires occidentaux contemporains des empires de l'histoire. Traditionnellement, les empires n'ont guère fait de distinction entre les nationaux et les étrangers : tous ont été assujettis par l'empereur et sa cour à des degrés divers. Les empires occidentaux se distinguent par leur nationalisme, produit de l'Occident moderne. Les empires occidentaux distinguent entre les citoyens et les sujets. Les premiers sont des nationaux et les seconds font partie de l'empire. Cette distinction est plus nette de nos jours aux États-Unis qu'avant le 11 septembre.

Les États-Unis sont un empire démocratique. Sur le plan intérieur, les relations entre maîtres et sujets sont régies par un ensemble de libertés, notamment la liberté d'information et d'organisation. Les citoyens américains ont largement la latitude de s'organiser pour s'opposer aux politiques officielles américaines, en particulier à la politique étrangère. Le Vietnam nous offre un exemple de l'importance de l'opposition intérieure à la guerre . En effet, c'est le mouvement d'opposition à la guerre qui a empêché à la puissance américaine de se déployer entièrement.

À la fin de la guerre du Vietnam, l'exécutif américain imputa à la presse la responsabilité de la défaite. Plusieurs raisons expliquent cette attitude. L'une en est que le Vietnam fut suivi de peu par les « charniers » du Cambodge. La présidence américaine rendit la presse responsable des massacres et l'accusa de ne publier que « nos atrocités » et jamais « leurs atrocités ». Depuis, la presse a eu tendance à publier la version officielle américaine de « leurs atrocités ». guerre d'Afghanistan ce sujet, il suffit de comparer la manière dont la presse a couvert la guerre du Golfe et celle du Vietnam. La deuxième raison est que les médias sont passés dans des mains nouvelles. Des grandes chaînes de télévision ont été reprises par des intérêts des secteurs de la défense ou des loisirs. La troisième raison se rapporte au problème israélien qui donne lieu à une censure considérable lorsqu'il est en jeu. Ce n'est pas seulement le cas de la presse juive, à l'exemple du *New York Times*, mais aussi de la presse non juive dont le *Boston Globe*. Comment expliquer cet état de choses ?

Qu'est-ce qui justifie l'importance démesurée d'Israël dans la société américaine ? On a donné beaucoup de réponses à cette question. Elles vont de la puissance du lobby israélien à l'importance stratégique de ce pays pour les États-Unis, en passant par l'attrait du pétrole. Nul n'explique pourquoi Israël suscite autant d'adhésion à la politique officielle américaine aussi bien chez les hommes et les femmes que dans tous les groupes de la société multi-culturelle américaine.

Pour comprendre ce phénomène, il convient d'examiner les spécificités historiques de l'expérience américaine. En effet, Afrique et Amérique sont des mots qui renvoient à deux expériences politiques radicalement différentes. Avec la fin de l'apartheid, l'Afrique incarne la défaite de la colonisation. À l'opposé, l'Amérique symbolise le triomphe du colonialisme. La tendance américaine, aussi bien officielle qu'officieuse, est de voir le monde sous le prisme du colonialisme. Aux yeux de l'Américain ordinaire, le colonialisme n'a rien d'anormal.

À notre avis, la manière dont les États-Unis ont réagi aux grandes catastrophes qui ont marqué son histoire confirme cette affirmation. Au lendemain de l'abolition de l'esclavage, les Américains estimèrent devoir faire rentrer les esclaves en Afrique, leur terre natale, après des siècles et des générations d'absence. Qu'on se rappelle à ce sujet que le Liberia a vu le jour en tant que patrie pour les anciens esclaves rentrés des États-Unis, et la Sierra Leone pour ceux qui rentraient de Grande-Bretagne, ces derniers étant, en réalité, des anciens esclaves des États-Unis qui s'étaient battus avec l'armée britannique contre les colons américains.

La seconde grande catastrophe de l'histoire des États-Unis fut l'holocauste. Les États-Unis jouèrent un rôle prépondérant dans la création de l'État d'Israël, tout comme ils l'avaient fait pour le Liberia. L'État d'Israël avait vu le jour pour être la patrie des Juifs, même si cette fois-ci le retour devait avoir lieu non pas après des siècles, mais des millénaires.

Les cas du Liberia et d'Israël ont deux caractéristiques en partage. D'abord, tous deux réunissent autour d'un même projet et la victime et le bourreau. En effet, les partisans de la création du Liberia se recrutaient parmi les racistes blancs et leurs victimes noires d'une part, et des anciens maîtres d'esclaves désireux de se débarrasser de leurs anciens esclaves et des anciens esclaves cherchant à s'affranchir d'une oppression humiliante d'autre part. De même, le projet israélien regroupait la droite sioniste et la droite chrétienne anti-sémite. Ensuite, les deux initiatives, le Liberia et Israël, tournaient autour d'un projet civilisationnel conçu dans la Diaspora. Pour les Libériens américains, il ne faisait aucun doute que les natifs africains devaient être civilisés. Ils étaient également convaincus que la civilisation était américaine, et ils identifiaient la civilisation au dollar vert en tant que monnaie, au chapeau comme signe distinctif des gentilshommes et à la Maison Blanche en tant que résidence normale du président. Pour le Juif israélien, le Palestinien est un occupant illégal qui doit déguerpir maintenant que le propriétaire légal est de retour. De la même manière, le sioniste israélien voit en Israël un poste avancé de la civilisation au Moyen-Orient.

Pour reprendre notre argument, le cosmopolitanisme américain est le fruit d'une expérience coloniale. Elle ne tient pas compte des intérêts des natifs.

Nous terminerons en proposant quelques points sur lesquels nous devons refléchir. D'abord, réfléchissons sur le lien entre la terreur d'État et la terreur civile, à l'exemple de la terreur de al Qaeda qui s'est abattue sur des victimes innocentes le 11 septembre à New York. Nous avons soutenu que la terreur sociale, notamment celle de al Qaeda, est le fruit d'un environnement d'impunité généré par la terreur d'État. Il en était ainsi de la terreur dite « des Noirs contre des Noirs » et de celle dénommée « des Nicaraguayens contre des Nicaraguayens » avant le 11 septembre, tout comme de ce qui a été baptisé « terrorisme islamique » au lendemain du 11 septembre.

En second lieu, nous devons réfléchir sur le revirement spectaculaire de la politique américaine après le 11 septembre. Avant cette date en effet, les États-Unis préconisaient l'engagement constructif et la réconciliation devant le terrorisme. Il s'agissait d'un langage codé pour désigner l'impunité et le partage du pouvoir. Après le 11 septembre, on a assisté à un changement de cap radical qui a conduit de l'appel à la réconciliation à l'exigence de justice, de la tolérance totale à la tolérance zéro. Ici aussi, le mot « justice » est un langage codé qui évoque une politique de vendetta et de vengeance. Le point commun entre la politique américaine avant et après le 11 septembre est qu'elle ignore les faits.

En conclusion, nous aimerions évoquer une dernière question. Ce qu'on appelle aujourd'hui guerre contre le terrorisme oppose deux parties : les États-Unis et al Qaeda, deux excroissances du même camp pendant la défunte guerre froide qui usent tous d'un langage politique marqué par une ferveur fortement religieuse et dont l'un a nourri l'autre. La particularité du langage politique est qu'il est vertueux en soi. Il ne se prête pas au compromis, car il n'y a pas de compromis entre la vérité et le mal. L'auto-justification va de pair avec la « diabolisation » de l'autre.

Ce langage a tendance à légitimer le recours impuni à la force et sans devoir de reddition.

Nous vivons dans un contexte difficile, appelés que nous sommes à choisir entre le terrorisme d'État et le terrorisme social. Au moment où nous cherchons une issue à ce dilemme, rappelons-nous d'un enseignement essentiel de la guerre du Vietnam : dissocier les dirigeants américains du peuple américain, et les dirigeants israéliens du peuple israélien. Pour le combat à venir, pour le combat qui consiste à amener les dirigeants à répondre de leurs actes, il n'est pas meilleur facteur de paix et de démocratie que ce peuple-là au nom duquel le pouvoir est exercé aujourd'hui. Si les dirigeants américains doivent être les gendarmes du monde, alors les peuples du monde n'ont pas d'autre choix que de lui imposer le devoir de rendre compte.

3

Léopold Sédar Senghor, Président-Poète du Sénégal (1906-2001)

Fatou Sow

C'est un immense honneur qui m'échoit que de tenir cette conférence en l'honneur de Léopold Sédar Senghor. Notre génération des indépendances avait pour ce Président-Poète un sentiment contradictoire, voire ambigu. Il était un homme de contraste. Léopold Sedar Senghor était assurément un bâtisseur et idéologue de l'État. Dès l'indépendance, après une très brève aventure de fédération du Mali avec l'ancien Soudan, il mit en place toutes les institutions qui fondent un État : constitution, séparation des pouvoirs exécutif, judiciaire et législatif, administration territoriale, réforme agraire et même code de la famille qui se voulait mettre, sous la même loi, toutes les communautés vivant au Sénégal, quelles que fussent leur origine et leur religion. Il créa une diplomatie de substance qui comptait sur le continent et dans les relations internationales. Il accueillit des mouvements de libération nationale (OLP, PAIGC, ANC, SWAPO, etc.) et leur accorda un statut diplomatique. Le socialisme africain fut le cadre idéologique dans lequel s'incarnait son action politique. Senghor fut un membre écouté de l'Internationale socialiste à laquelle son parti, le Parti socialiste, est toujours affilié.

Nous éprouvions pourtant un fort sentiment de frustration, voire de colère envers l'homme politique. Nous ne lui avons pas pardonné d'avoir conduit le Sénégal à voter massivement, en septembre 1958, en faveur de l'entrée dans un Commonwealth à la française face au non, non moins massif, de la Guinée de Sékou Touré. Il isolait ce dernier sur la scène politique africaine, en entraînant un bon nombre de ses alliés du Rassemblement démocratique africain (RDA), parti puissant des luttes anti-coloniales en Afrique occidentale française. Sa présidence a maintenu le

Sénégal dans le pré carré français, en compagnie de la Côte d'Ivoire et du Gabon. Son socialisme donnait du pouvoir à l'État, qui manipulait plus les masses qu'elle ne les protégeait face aux intérêts privés français. Il était le Président d'un État à parti unique qu'il voulait fort ; il contrôlait de près aussi bien les masses paysannes à travers les coopératives agricoles que les intellectuels dont il décidait de la nomination dans l'institution universitaire. Ainsi Cheikh Anta Diop, l'éminent professeur d'égyptologie, n'a jamais pu enseigner à l'université qui porte aujourd'hui son nom, alors qu'il y mena toute sa carrière de chercheur de 1956 à 1986. Le projet de création d'un programme qui, à l'université, enseignerait les langues africaines (wolof, sereer, pulaar, mandeng, hausa, lingala, swahili, etc.) au même titre que le français, l'anglais, l'espagnol ou l'allemand fut rejeté par ses soins et son promoteur, Pathé Diagne, un linguiste sénégalais de renom renvoyé.

Nous éprouvions un scepticisme de bon ton à l'égard de sa théorie de la négritude jugée différente, sinon opposée à celle d'Aimé Césaire de *Cahiers d'un retour au pays natal* ou de Léon Gontran Damas, ses compagnons antillais et guyanais de lutte dans la France coloniale d'avant-guerre. Senghor, ne disait-il pas qu'il se délectait de « la langue française comme de la confiture » ou encore que « la raison était hellène, le rythme nègre »).

Et pourtant, l'homme de culture a forcé l'admiration de ses contemporains. Agrégé de grammaire (diplôme prestigieux de l'université française), sa carrure intellectuelle et politique fut exceptionnelle dans le monde politique africain consistant de l'époque. Ses pairs l'ont aimé, craint ou détesté, mais toujours admiré. Sa poésie a touché. Qui d'entre nous n'a aimé et psalmodié *Femme nue, femme noire*, l'un de ses plus beaux poèmes dédiés à la femme noire ?

Femme Noire

Femme nue, femme noire
Vêtue de ta couleur qui est vie, de ta forme qui est beauté
J'ai grandi à ton ombre ; la douceur de tes mains bandait
mes yeux.
Et voilà qu'au cœur de l'Été et de Midi, je te découvre,
Terre promise, du haut d'un col calciné
Et ta beauté me foudroie en plein cœur, comme l'éclair
d'un aigle.

Femme nue, femme obscure
Fruit mûr à la chair ferme, sombres extases du vin noir,

Bouche qui fais lyrique ma bouche
Savane aux horizons purs, savane qui frémis aux caresses
Ferventes du Vent d'Est

Tamtam sculpté, tamtam tendu qui grondes sous les doigts
Du vainqueur
Ta voix grave de contralto est le chant spirituel de l'Aimée.

Femme, femme obscure
Huile que ne ride nul souffle, huile calme aux flancs de
l'athlète, aux flancs des princes du Mali
Gazelle aux attaches célestes, les perles sont étoiles sur
la nuit de ta peau
Délices des jeux de l'esprit, les reflets de l'or rouge sur ta
peau qui se moire
À l'ombre de ta chevelure, s'éclaire mon angoisse aux
soleils de tes yeux.

Femme nue, femme noire
Je chante ta beauté qui passe, forme que je fixe dans l'Éternel
Avant que le Destin jaloux ne te réduise en cendres pour
Nourrir les racines de la vie.

(Léopold Sédar Senghor, Chants d'ombre, Éd. Du Seuil, Paris, 1959, pp. 15-16)

Notre génération a été fascinée par cet interlocuteur à la « palabre féconde ». Nous avons vécu les très nombreux débats littéraires, philosophiques, politiques et culturels qu'il organisait faisant de Dakar la capitale culturelle du monde noir. Le Festival des Arts nègres avait pour la première fois, en 1966 réuni, à Dakar, l'Afrique et sa Diaspora. Ce fut un évènement magnifique dont je n'ai personnellement manqué aucun moment. Et, vu la passion de la langue française et ses talents littéraires, il n'aura pas démérité du fauteuil qu'il occupa à l'Académie française, après son départ du Sénégal.

Je ne puis m'empêcher d'évoquer ses relations avec Cheikh Anta Diop, un autre intellectuel exceptionnel. Cheikh Anta Diop était certes plus jeune, mais Senghor et lui-même ont été contemporains dans l'action politique et la réflexion intellectuelle. Alors que tout les opposait politiquement et sans qu'ils ne se fussent jamais confrontés dans un débat public pas même académique, au moins au Sénégal, Léopold Senghor et Cheikh Anta Diop furent constamment en dialogue, se répondant, par articles et ouvrages interposés, aux questions de l'un à l'autre sur l'Égypte berceau de l'humanité, sur l'antériorité des civilisations africaines, sur le panafricanisme, sur la parenté génétique des langues africaines et bien d'autres débats que je ne saurais ouvrir ici. Il existait une complicité intellectuelle certaine entre eux.

Senghor laisse toutefois un pays en ruines, quand il démissionne en 1980, après deux décennies d'un pouvoir sans partage. Et pourtant aujourd'hui, beaucoup de Sénégalais regrettent le sens et la carrure que le Président Senghor avait donnés à l'État et à ses institutions. Il a ancré l'idée de la *res publica*, la chose publique, si essentielle face à l'informalisation accrue du pouvoir politique. Il est évident que sa pensée a marqué une période intellectuelle forte de l'Afrique de la fin des colonies qu'il a dominée de sa stature. Il laisse une empreinte indéniable dans l'histoire de nos premières années d'indépendance.

4

Repenser le développement en Afrique : et si les femmes comptaient !

Introduction

Il n'est rien de dire, au terme de cette dixième Assemblée générale du CODESRIA et de cette semaine au cours de laquelle nous avons établi des diagnostics, soulevé des questions, émis à la fois des doutes et des certitudes, les unes intimes, les autres raisonnées, que nous partageons une conviction profonde.

Au tournant du nouveau millénaire, nous vivons un monde en crise, un monde en proie à de profondes transformations politiques, à des transformations socio-économiques et culturelles, dont l'analyse est difficile et les solutions complexes. Ces transformations affectent un ordre économique qui n'a jamais été autant dominé par les lois du marché, un ordre politique qui pèse sur l'État et nos systèmes de gouvernance, qui corrompent les rapports entre l'État et le citoyen. On n'a jamais autant discuté de démocratie et de participation citoyenne, mais qu'en est-il vraiment ? Les ordres auxquels obéissent les États proviennent plus de forces liées au marché mondial qu'aux revendications des masses populaires dont les votes sont régulièrement sollicités.

« Le développement est mort, vive le développement ! » pourrait-on lancer, sans que cela ne soit une boutade. Dans les premières années de l'indépendance, bien avant l'ère de ces crises au centre de nos préoccupations, Léopold Sedar Senghor, premier Président de la République du Sénégal avait promis à ses concitoyens l'avènement de la *natangué* (prospérité) en l'an 2000, avec l'école et la santé pour tous. René Dumont, le célèbre agronome français, avait quelque peu terni l'enthousiasme, en écrivant d'un ton rageur que « l'Afrique noire était mal partie ». Combien d'intellectuels africains de l'époque ne s'étaient-ils élevés, à l'époque, contre ce signe avant-coureur de l'Afropessimisme en vogue dans les années 1990. Rien n'y fit, l'euphorie de l'indépendance aidait à un miracle qui n'est point arrivé. Les intellectuels ont également nié à l'essayiste camerounaise, Axelle Kabou, le droit de se demander « Et si l'Afrique refusait le développement ? » Son ouvrage publié en 1992 fit scandale dans tous les milieux africains, des universités aux partis politiques. Pourtant l'ampleur du désastre socio-économique et politique subi par les populations africaines, décrit durant nos travaux, oblige à repenser le développement et ses logiques.

Nous sommes tous à la fois ébranlés et questionnés dans nos certitudes qu'au tournant de ce millénaire, la priorité du développement sur le continent soit essentiellement la réduction de la pauvreté ? Avec un tel objectif, après 40 ans d'indépendance, de plans de développement et de politiques de coopération et d'aide internationales en tous genre, comment continuer à poser la question des Africaines et du développement, question qui a été notre préoccupation majeure de ces deux dernières décennies. La situation socio-économique est telle qu'aujourd'hui, les media occidentaux ne portent plus tellement sur l'aide, mais sur l'humanitaire, objet de titres à sensation. Par exemple, en matière de santé, l'aide humanitaire de Médecins sans Frontières revêt plus d'écho que les accords de coopération signés entre les États et les ministères de la Santé du Nord. Quelques étudiants français en maîtrise ou en DEA viennent me consulter à Paris 7 Denis Diderot où je passe quelques mois par an, afin que je les aide à motiver et justifier leur engagement à se spécialiser en études humanitaires. Ils sont bien déçus, car je n'ai aucune justification à ce niveau. Ils se sauvent littéralement lorsqu'en toute sincérité je les en décourage en leur montrant pourquoi ni l'humanitaire généreux, ni la coopération ne pouvait développer un pays.

Il nous est de plus en plus difficile, voire impossible de « claironner » nos slogans féministes ou volontaristes des années 1970 à 1980 : participation, intégration des femmes au processus du développement. Rend-on vraiment service aux Africaines à tenter de les intégrer dans ce développement de réduction de la pauvreté ? Même notre requête de l'égalité entre les sexes, dans ce contexte aussi complexe de misères mais aussi de richesses dont notre continent regorge, nous laisse perplexes. Nous avons, à l'échelle internationale, gagné de nombreux droits à l'égalité, dont nos États ne peuvent hélas garantir l'application. Nous sommes obligées de raffiner nos revendications face à un développement à repenser ensemble. Et pourtant nous sommes des femmes et hommes de ce continent et nous pensons être des alliés idéologiques, théoriques et politiques, jusqu'à ce que la question des femmes nous sépare, quand elle ne nous divise pas. La question des femmes, celle des relations entre vous et nous ne peut rester des domaines réservés aux seules femmes et aux études féminines et féministes, marginales dans les sciences sociales en Occident comme en Afrique. Nous avons eu la chance, dans nos efforts de reconnaissance du domaine, de sa construction comme champ scientifique et politique et de production de connaissances d'avoir eu certains d'entre vous comme alliés. Dans les réunions féministes qui me font parcourir la planète depuis deux décennies, je rencontre très peu, sinon pas d'hommes, que ce soit en Amérique, en Europe ou même en Asie. Nous restons entre femmes, ce qui n'est pas mal non plus car il prévient certains rapports de domination dans la prise de parole. À la dernière rencontre sur la recherche féministe francophone, en septembre 2002, à l'Université Toulouse-le-Mirail (France), mes collèges occidentales se plaignaient du peu d'écho de leurs productions scientifiques auprès de collègues masculins. Celles-ci ouvrent pourtant un champ extraordinaire de réflexion, de ruptures épistémologiques, à un grand nombre de disciplines : la sociologie, la psychologie, la littérature, l'histoire, et même la philosophie, les mathématiques et les sciences naturelles et médicales. Je n'oserais demander à cette salle combien d'hommes (et... de femmes) ont connaissance du site web *feministafrica* que notre collègue Amina Mama vient d'ouvrir, depuis *l'African Gender Institute* qu'elle dirige à l'Université du Cap (Afrique du Sud). Je leur recommande vivement de s'y référer et même d'y contribuer. J'«adresse également la même recommandation aux femmes.

Les trois-quarts des étudiants qui suivent mes enseignements sur les femmes, la famille ou de critique féministe des sciences sociales à l'Université Cheikh Anta Diop de Dakar sont ... des hommes. C'est un ordre « naturel », les filles ne représentant que 25%, environ, de la population estudiantine. Quelques-uns d'entre eux travaillent aussi sur la question des femmes ou des rapports de genre dans n'importe lequel de leur domaine d'étude, au grand dam de mes collègues hommes qui leur proposent des sujets plus sérieux.

Nous ne remercierons jamais assez Eboe Hutchful, Tiyambe Zeleza et Guy Mhone d'avoir été des contributeurs et des partenaires enthousiastes à l'ouvrage *Engendering African Social Sciences* (le pas n'était pas si facile à franchir au tout début des années 1990) et tous ceux qui leur ont emboîté le pas dans d'autres publications. La mise en place de l'Institut sur le genre a été un jalon décisif dans l'institutionnalisation de la question. Nous souhaitons que d'autres chercheurs (des deux sexes) accomplissent des pas de géant pour intégrer, une fois pour toutes, le genre et les rapports sociaux de sexe, comme des dimensions essentielles de nos réflexions et de la gestion des ressources scientifiques et humaines de nos institutions, y compris celle-ci.

Ma première question est : pourquoi cette résistance ?

Repenser le développement dans le contexte de la mondialisation et de la globalisation

Le contexte dans lequel nous sommes conviés à repenser le développement est celui de la mondialisation et de la globalisation que me garderais bien de définir devant ce parterre d'éminents spécialistes. Mais nous savons qu'il ne s'agit pas seulement d'un nouveau jargon forgé par les élites scientifiques et politiques mondiales que nous sommes. La mondialisation/globalisation participe effectivement des expériences vécues, dans leur quotidien, par les populations africaines et les femmes qui la composent.

Les ménagères des quartiers pauvres de nos capitales ou des banlieues africaines font quotidiennement l'expérience de la globalisation. Quel est le lien entre la Compagnie Bouygues, fleuron de l'entreprise française, et la ménagère de Pikine (Sénégal). La ménagère de ce quartier déshérité de la banlieue de Dakar, fait tous les jours la queue, durant des heures, devant les bornes-fontaines de son quartier, parfois tard la nuit ou très tôt le matin, pour puiser l'eau nécessaire à la consommation familiale. La gestion de cette eau a été cédée à cette compagnie étrangère, avec les politiques de libéralisation des années 1990. Le Sénégal indépendant n'avait pourtant conquis le contrôle de cette ressource qu'une dizaine d'années après l'indépendance, à la suite de négociations serrées avec la société privée française qui en détenait la gestion, durant la colonisation. Il faut savoir que l'eau est l'une des rares ressources naturelles que l'État français n'a jamais pu contrôler institutionnellement, même sur son propre territoire. Trois sociétés privées la gèrent, avec certes sa participation. Or l'eau est une ressource précieuse de l'économie d'un pays, pour les besoins de sa population. Elle sera dans quelques décennies un enjeu économique et politique mondial. Les intérêts des entreprises privées ne coïncident pas forcément avec le souci du bien-être des familles pauvres qui ne peuvent s'offrir un abonnement à ses services fort cher payés. Quelques retombées de la taxe Tobin pour financer le développement amélioreraient sensiblement leur sort.

La pauvreté est devenue un mot-clef du développement, pauvreté due à la faillite des États qui en ont eu la charge. Ces États se sont arrogés tous les droits. Ils ont, au nom du développement de leurs peuples, porté de graves atteintes à la démocratie et aux droits de la personne humaine, à l'expression des opinions et des revendications publiques. Ces États n'ont pas échappé à la corruption. Le mal-développement a entraîné de profondes ruptures sociales. La pauvreté, c'est aussi la faillite de quarante ans d'aide et de coopération internationales et le discrédit jeté sur le développement dirigé par l'État.

Les objectifs des décennies d'ajustement structurel ont surtout visé le remboursement des dettes contractées par les États qui ont dû réduire leurs dépenses somptuaires et les budgets consacrés aux services sociaux, à l'éducation, à la santé. L'éducation et la santé sont pourtant des secteurs productifs où se forme et s'entretient la force de travail d'un pays. Éduquer et soigner, c'est investir dans l'économie locale, nationale et régionale. Les coupures budgétaires draconiennes ont obligé les Africaines à prendre en charge une bonne partie de tous ces services, en raison d'une conception idéologique de leurs capacités reproductives et de leurs fonctions domestiques habituelles.

Aujourd'hui, on ne peut repenser le développement sans prendre en compte les défis nouveaux imposés par la globalisation. Les mutations du paysage politique mondial ont reconfiguré le contexte du développement : fin de la guerre froide, faillite des systèmes socialistes, montée en force de l'économie néo-libérale, renforcement de la puissance américaine, conflits civils et militaires dans le monde, mais aussi en Afrique. Ces conflits, comme ailleurs portent sur la maîtrise du pouvoir politique pour contrôler les ressources.

Le Sénégal ou la Côte d'Ivoire des années 1960-1970, en tant que pré carré de l'influence française, étaient presque en tête-à-tête exclusif avec l'ancienne métropole. En 2000, lors du Sommet de Johannesburg, les Présidents Thabo Mbeki d'Afrique du Sud, Abdel Aziz Bouteflika d'Algérie, Olusegun Obasanjo du Nigeria et Abdoulaye Wade du Sénégal, pour faire avancer le NEPAD (*New Partnership for African Development* / Nouveau Partenariat pour le Développement de l'Afrique) ont comme interlocuteurs les pays du G8, les institutions internationales (Banque mondiale, Fonds monétaire international), mais aussi de grandes compagnies privées ou semi-publiques, nationales et transnationales à la recherche de marchés porteurs. Ce cadre néo-libéral est un passage obligé pour entamer tout accord commercial. Ce cadre procède également d'un libéralisme politique traduit dans les discours qui a d'abord été celui de l'ouverture démocratique et de la transition démocratique, puis la bonne gouvernance et la transparence, alors que les personnes qui édictent ces lois sont souvent impliquées dans les « affaires » témoignant de leur propre non-respect de ces principes.

Les équipes féministes de recherche du Sud, qui ont participé à l'élaboration de l'ouvrage *Marketisation of Governance* (2000), édité par Viviene Taylor[1], (Aminata Diaw, Amina Mama, Charmaine Pereira et Ndri Assié-Lumumba ont écrit les chapitres concernant l'Afrique), ont discuté des dilemmes posés aux populations par cette logique au développement. On en citera quelques-uns des plus cruciaux.

L'un des premiers dilemmes identifié est celui de la « croissance » L'exploitation et de la dépendance créees par les forces des marchés ont des conséquences intolérables sur ces populations. Il n'y a pas de croissance stable et le chômage est même en hausse. Les responsabilités des femmes de nourrir les familles n'ont jamais été aussi importantes. Nourrir est notre tâche dite « naturelle ». Les différentes crises ont transformé de plus en plus de femmes en chefs de ménage, sans qu'elles en aient pour autant le statut juridique, le pouvoir politique et les autres compensations sociales, symboliques et culturelles qui l'accompagnent.

Un autre dilemme est celui du « contrôle politique'. On a, à tort ou à raison, obligé l'État africain à devenir une institution de «moins d'État». Cet État détien- il encore le contrôle et la régulation des ressources naturelles et économiques? Ces ressources que sont l'eau, la terre, la forêt, les richesses minières fabuleuses du sous-sol africain sont de plus en plus sous la coupe d'institutions et de mécanismes mondiaux qui contraignent les pays à les ouvrir au marché mondial (libéraliser, privatiser). Ceci crée d'énormes pro-blèmes de souveraineté. L'État devient une « marchandise », au même titre que ces ressources qu'il est supposé contrôler. Que ce soit le système du dic-tateur africain à la Mobutu[2] dont la richesse pouvait rembourser le dette zaï-roise ou celui du marché, il n'existe, concluent les féministes de DAWN, ni de philosophie, ni de système de valeur qui permette de redistribuer la part des richesses à ceux/celles qui ont contribué à les produire ou qui sont com-plètement démuni(e)s.

Un troisième dilemme relève de la production même de la richesse. Quel-les sont, aujourd'hui, dans ce contexte néo-libéral, la signification et la valeur du travail, se demandent les féministes de DAWN ? À partir de quel niveau, les activités domestiques, agricoles, artisanales des femmes deviennent-elles du travail ? Les marxistes ont sans doute des définitions toutes prêtes du travail. Ce que nous savons aussi, c'est que nos États et nos entreprises ont de moins en moins de capacité de fournir du travail, d'assurer un revenu minimal de survie à leurs populations. On constate l'accroissement du tra-vail des femmes et de leurs responsabilités dans le ménage lié à la montée du chômage, au licenciement des personnels des secteurs public et privé. Les budgets des États ont souvent servi à des équipements somptuaires et des dépenses de sécurité, quand ils n'ont pas été détournés à d'autres fins. Des conflits civils ravagent des parties vitales du continent. Les armes n'ont ja-mais autant circulé, alors que l'on cherche à réduire la pauvreté.

Les États, qui ont fini par institutionnaliser le genre en votant des lois contre les discriminations liées au sexe et en créant des services et des pro-grammes en direction des femmes, n'ont pu remplir leur contrat. Ils en sont encore réduits à des slogans creux, comme la lutte contre la mortalité maternelle dont le taux est toujours aussi inquiétant ou l'accès des femmes au pouvoir politique avec des quotas toujours aussi faibles, sans grande signification ou portée politique. Ils ont beau jeu de dire leur incapacité à créer un environnement politique et économique qui assure la promotion des droits humains, y compris ceux des femmes, et à institutionnaliser l'égalité entre les sexes à des fins d'équité et de justice sociale.

Nous partageons les discours sur la démocratie, sur le renforcement des sociétés civiles, sur les droits humains, sur les questions de liberté, de justice économique et sociale. Mais un clivage politique se forme dès que nous montrons que ces défis ne touchent pas les hommes et les femmes de la même manière. Le débat partagé avec nos collègues et alliés hommes prend fin à cette occasion précise. L'analyse se fait plus difficile. Il est vrai que toutes les femmes ne partagent pas nos analyses féministes. Des compagnes de lutte nous abandonnent selon les étapes. Il devient alors impératif de se protéger de la critique facile de l'emprunt, voire du copiage sans nuance du féminisme occidental ou du piège du « prêt à penser mondial » dont me prévient une excellente collègue et amie algérienne, sénégalaise de cœur, qui, depuis des années, partage nos luttes au Sénégal et en Afrique.

Repenser le développement avec les femmes : quelques paradoxes pour la critique féministe africaine

Le mot féministe fait peur assurément dans mon université et mes milieux sénégalais et sahéliens. J'évoquerai souvent la région du Sahel qui appartient à mon aire culturelle. Il est pourtant essentiel de s'interroger sur la manière d'entreprendre, en tant que féministes, la tâche difficile de repenser le développement. Je ne peux, ici, entamer le débat sur le concept lui-même tant ses définitions ont varié avec l'histoire, les politiques et les attitudes des différents acteurs du jeu du développement. Prenons-le comme un processus, un projet de société, un ensemble de rapports de pouvoir, et que sais-je encore ! La globalisation lui ajoute une nouvelle dimension.

Le 9ème forum international d'AWID sur les droits de la femme et le développement, tenu du 3 au 6 octobre 2002, à Guadalajara (Mexique), avait un thème ambitieux : « Réinventer la globalisation ». À un atelier que DAWN, réseau de chercheures-activistes féministes du Sud dont je suis membre, y organisait, nous avons discuté des multiples paradoxes que nous rencontrons lors de nos analyses et de nos stratégies d'action entre nous ou avec d'autres acteurs de la société civile ou politique[3].

L'un des premiers paradoxes est celui *women's agency* (expression certainement plus appropriée que je traduis rapidement par « la question ou l'agenda des femmes ». Nous savons d'expérience, aujourd'hui, que l'on ne peut plus traiter de la question des femmes *per se*. Il s'agit fondamentalement, grâce à nos analyses et à nos actions, de « libérer les femmes comme êtres socialement construits, comme êtres disciplinés et chosifiés » (G. Francisco), et ce, au niveau tant du privé que du public. Il s'agit aussi de « déconstruire », ce qui dans l'identité féminine socialement construite aliène les femmes, de « déconstruire » les rapports sociaux entre les sexes, rapports encore fondés sur la religion et la culture de l'inégalité. Les rapports de pouvoir et d'inégalité entre les sexes ne peuvent être détachés des autres formes de pouvoir et d'inégalité de classe, de caste, de race, et j'en passe. On ne peut séparer cette lutte de celles contre toutes les autres formes d'injustice.

On doit également reconnaître le caractère « multicentrique » des structures et de relations de pouvoir dans diverses institutions qui, de la famille à l'État, en passant par le monde du travail et d'autres réalités sociales, sont de plus en plus changeantes et complexes. Les défis varient selon les contextes, les histoires, les lieux et les milieux, d'où les multiples solutions. En s'engageant dans la contestation avec les forces progressistes, la critique féministe a dû surmonter bien des paradoxes.

Négocier cette lutte, *negociating gender*, avec les hommes, les partis politiques et la société civile demeure un processus long et compliqué. Nos organisations mixtes restent très masculines. Amina Mama, dans son allocution à cette conférence, rappelait les difficultés de faire inscrire, ne serait-ce qu'en filigrane, la dimension féminine des libertés académiques dans la Déclaration de Kampala du CODESRIA, il y a juste 12 ans. Nous continuons de rencontrer ces mêmes difficultés dans tous nos engagements, qu'ils soient d'ordre politique, académique ou social. Que de débats pour transformer le terme de droit de l'homme en droit humain et faire comprendre à nos collègues et alliés politiques que les droits de l'homme n'englobaient pas tous les droits des femmes.

Nous avons organisé, ensemble, des luttes contre le pouvoir colonial et l'impérialisme hier, des luttes contre toutes les formes de dictatures africaines pour l'instauration d'une démocratie qui ne soit ni transitionnelle, ni adaptée à la mentalité africaine, mais une démocratie d'égalité et de justice. Celles de l'anti-mondialisation ou d'une forme autre de la mondialisation, les luttes contre les fondamentalismes qui de Georges W. Bush à Ossama Ben Laden, en passant par les authenticités des anciens présidents Tombalbaye du Tchad et Mobutu du Zaïre, nous ont dressés, hommes et femmes de divers horizons, pour préserver nos droits à la vie et à la liberté. L'oppression des femmes devient intolérable dans ce contexte. Et pourtant engager la discussion jusqu'au bout pour que les transformations touchent aussi les femmes a été une vraie gageure.

Les politiques de privatisation, par le marché, des ressources naturelles, forestières ou minières et la « marchandisation » de nos États nous interpellent de manière vitale et engagent nos luttes. Mais au cours même de ces luttes, les femmes sont tenues de dénoncer aussi bien les orientations patriarcales du marché, du pouvoir politique et de l'État qui restreignent les droits des femmes à la citoyenneté et le libre exercice de ces droits que le contrôle par les hommes des ressources.

L'accès à la terre ne concerne pas seulement le président Robert Mugabe. Il chasse les fermiers blancs, soit 3% de la population du Zimbabwe, qui occupent la majorité des terres les plus fertiles, pour les remettre à un paysannat noir dépouillé par le système d'apartheid. Mais combien de femmes dans ce paysannat du Zimbabwe se sont-elles vues attribuer des terres ? On peut poser la même question en direction des femmes de la vallée du fleuve Sénégal où des centaines de milliers d'hectares de terres irrigables sont à cultiver. Or l'une des difficultés majeures de l'économie de l'après-barrage est la mise en valeur de ces terres : la main-d'œuvre masculine émigre vers d'autres pays. Combien de femmes a-t-on considéré comme des paysannes et ont bénéficié de terres, d'équipement ou de crédit au titre d'exploitante agricole ? Elles rencontrent certes les mêmes difficultés d'accès que les paysans pauvres du Delta ou les jeunes hommes célibataires obligés de se mettre en association pour que leur travail ne soit pas capturé par les aînés. Mais le caractère culturel de l'accès à la terre par le mariage, le fait que celle-ci peut lui être retiré lors du divorce ou du veuvage demeurent des questions que seules les féministes posent. Il a fallu un projet volontariste de l'État pour qu'elles participent (en faible nombre) aux conseils des communautés rurales qui gèrent le foncier villageois. Les projets d'activités génératrices de revenus, si populaires au début des années 1990 et qui ont fait la fortune des ONG encadrant les femmes, ont fini par générer des productions maraîchères importantes. Lorsque les bénéfices sont substantiels, les parcelles et les activités finissent par être récupérées par les propriétaires des terres : le mari, le parent, le chef de village, etc. On se voit toujours opposer l'argument que la terre africaine est collective et que c'est le droit d'usufruit qui est important, mais même ce droit est compté aux femmes.

L'accès des femmes au *droit d'avoir le droit* est une exigence fondamentale. Il est de bon ton de critiquer les concepts de bonne gouvernance ou de démocratie dont nos États se sont drapés dans les périodes de transition démocratique. Nous avons récusé les élections comme des manœuvres procédurières, car elles ont été truquées. Nous avons pourtant exulté lorsque des élections transparentes ont abouti à des victoires démocratiques. Mais que d'indignation chez les hommes, lorsque nous avançons que les droits démocratiques couvrent aussi ceux de contrôler notre corps, notre sexualité et notre fécondité ; que l'État et la société ne devraient pouvoir ni en disposer, ni nous proposer ou nous refuser des méthodes contraceptives pour établir un équilibre entre la population et les ressources. Les mutilations génitales féminines, marquages culturels évidents, entraînent des complications médicales, mais surtout elles altèrent le désir et le plaisir sexuels des femmes. Le droit au plaisir sexuel n'est pas seulement à l'amante ou à la prostituée, mais aussi à la mère, à la femme. On enfante déjà dans la douleur, ne peut-on pas concevoir dans le plaisir ? Le mariage des filles avant leur puberté, généralement interdit par les codes de la famille, est un viol impuni organisé par la collectivité. Il y a quelques mois, dans un village de l'Est sénégalais, une fillette était retirée de l'école pour être mariée à son cousin. Elle devait décéder quelques jours après sa nuit de noces. Ni le marabout, ni l'oncle, ni les membres de la famille qui avaient organisé le mariage, malgré le refus de sa mère, ne furent inquiétés par la justice locale. Il a fallu un tapage médiatique de la RADDHO, organisation sénégalaise des droits de l'homme, pour que le conjoint soit incarcéré. Il fut rapidement jugé et condamné à … deux mois de prison. Nous avons toutes des histoires d'horreur qui témoignent de violations quotidiennes des droits des femmes : violences physiques, sexuelles (viol, inceste, mariage forcé), morales, etc.

Je provoque la colère d'éminents collègues dès que j'affirme, au cours de conférences publiques, que les femmes devraient avoir le droit de jouir de leur sexualité et d'être fécondée par qui elle voulait, quand elle voulait, dans le cadre qu'elle choisissait. J'énonce simplement le droit pour la femme de choisir le mari et le père de ses enfants que le code de la famille autorise en imposant le consentement des conjoints au mariage, de ne pas entamer de grossesses à un âge trop précoce ou trop avancé qui menacent leur santé, etc. J'ai pourtant été accusée de manquer d'éthique, de corrompre les valeurs morales africaines et de vouloir la fin de la famille africaine. Il est vrai que je revendique l'abolition effective du mariage précoce et forcé, que je dénonce la sexualité forcée dans et hors du mariage, celle exercée sur les fillettes sous prétexte de protection contre le SIDA, la corruption sexuelle par les professeurs, les supérieurs hiérarchiques, les *Sugar Daddies* (Pa et demi-Pa dirait-on en Afrique francophone), les viols collectifs de lycéennes et étudiantes par leurs camarades du même âge, les viols dans les conflits civils pour humilier d'autres hommes, etc. Toutes ces violences ont été documentées par les recherches féministes.

Être citoyenne n'est pas un exercice simple pour les femmes. Les libertés fondamentales, libertés d'expression, de mouvement, d'autodétermination de l'homme et des peuples chères au Président Sékou Touré de Guinée, sont communément admises, pourquoi note t-on tant de résistance contre cette même liberté d'expression, de liberté de mouvement, de liberté d'autodétermination des femmes ?

Le droit d'exercer une activité est une revendication syndicale et politique courante. Il est pourtant problématique pour les femmes, et pas seulement à cause des difficultés économiques. Alors que la tradition villageoise obligeait les femmes dans l'agriculture, la pêche, l'artisanat ou le commerce de mener les activités liées à ces productions, le code sénégalais de la famille autorisait, jusqu'en 1984, tout mari à empêcher sa femme d'exercer une profession. Ce droit lui était accordé en tant que chef de famille. Si cet article a fini par être supprimé du code, celui qui donne au mari le statut de chef de famille existe toujours. Il fait à la femme l'obligation d'obéissance et de soumission. Le mari est le seul à détenir l'autorité familiale et la responsabilité légale des enfants, à décider de la domiciliation du ménage, etc. De ce fait, les épouses salariées paient l'impôt comme des célibataires sans enfants. Elles ne peuvent prendre en charge médicalement leur conjoint et enfants, ne peuvent prendre de décision légale concernant leurs enfants, etc. Le mari n'est dessaisi de cette autorité qu'en cas de décès, sur décision judiciaire en cas de divorce ou d'incapacité déclarée. Dans nombre de codes maghrébins de la famille, la femme reste encore mineure. Mais au moins ces pays possèdent un code. Le Niger et le Tchad n'en disposent pas et le Bénin s'en est doté en juillet 2002 seulement. D'autres pays, comme la Mauritanie ou le Nord Nigeria, appliquent la Shari'a.

Ces contraintes relèvent des marquages culturels et de signifiants symboliques qui varient selon que l'on est un homme ou une femme. Il y a toute cette dénonciation de la propagation des modèles et biens de consommation du Nord sur les marchés du Sud. Les femmes sont généralement utilisées par les grandes compagnies comme gestionnaires de la consommation des ménages (produits ménagers, biens de consommation). Leur corps est utilisé comme placard publicitaire pour vendre bouillons culinaires, savon de lessive, voiture, etc. Leur corps dénudé, de faiseuse de cuisine ou de porteuse d'enfant, est offert au public. Une publicité du téléphone cellulaire mettait côte à côte deux affiches : l'une représentant un homme en cravate (vraisemblablement un homme d'affaires) discutant au téléphone ; l'autre une jeune fille en jean « papotant » au téléphone. Il est indispensable pour les femmes de se battre contre ce marquage et cette utilisation de leur corps autant par ces entreprises commerciales et publicitaires que par l'État dans son fondamentalisme politique et par les sociétés locales comme porteuses de fondamentalismes culturels et religieux. Le marquage du corps féminin est le même. Que les femmes soient nues sur les murs ou en mini-jupe dans les rues de capitales occidentales ou voilées dans les rues de Kano, Mombasa ou Alger, leur corps est marqué par le regard de l'homme. Il faut l'exhiber ou le cacher de ce regard.

L'État ne traite pas les femmes comme des citoyennes à part entière. Elles sont des épouses et mères que l'on protège, sans doute pour que la reproduction des enfants soit bien assurée. Les codes de la famille quand ils existent sont en contradiction avec les Constitutions qui toutes assurent l'égalité des droits entre tous les hommes, sans discrimination aucune. Or ces codes sont truffés de discrimination. L'État oblige à l'enregistrement du mariage, légifère sur la polygamie, le divorce, l'héritage, la pension alimentaire, comme pour protéger la femme contre l'autorité de l'homme qu'il renforce en même temps. Cette autorité supposée « naturelle » de l'homme nous oblige à nous interroger sur la masculinité. Revisiter la masculinité en Afrique est une vraie gageure : la revendication fait « hurler » les hommes. Comment peut-on sérieusement poser la question de la masculinité, mettre en exergue le caractère patriarcal du pouvoir politique, de l'État, de la nation, des institutions étatiques et judiciaires, du système international financier, dans un débat aussi crucial que la globalisation des marchés et des politiques. Toutes les femmes n'osent pas affronter cette remise en question, alors que le mal-développement sévit partout. Il leur arrive même de refuser la question des femmes. Nombre de femmes politiques affirment ne rien devoir à la lutte des femmes. Et pourtant !!!.

À chaque fois que je discute de la violence à l'endroit des femmes dans la famille, dans l'espace scolaire ou professionnel ou lors des conflits, il y a toujours un homme pour se lever et clamer que les hommes sont aussi battus... par les femmes. La violence est indéniablement enracinée déjà dans les structures familiales. La construction de l'homme « fort » et de la femme « faible » est présente dans de très nombreuses idéologies. La famille africaine apprend au garçon à diriger et à prendre des décisions, les filles à se soumettre et à exécuter. Le corps de la femme est un objet d'appropriation. La violence conjugale est presque « excusée ». Elle bénéficiait même d'une circonstance atténuante, lors de meurtres de femmes, qualifiés de crimes « passionnels », par leur conjoint ou partenaire. Les violences lors des conflits civils sont ceux qui se produisent dans la vie quotidienne : coups, abus sexuels, viol. Les femmes sont violées par les soldats, les policiers, les rebelles, etc. Aujourd'hui, les langues se délient même en Afrique et dans nos sociétés plus pudiques sur ses mœurs dépravées. La violence pose à terme le problème de la sécurité des femmes, pour laquelle aucune disposition n'est prise. La sécurité est devenue une priorité pour nombre d'États qui luttent contre le terrorisme local ou international, le grand banditisme ou la délinquance urbaine. Or les Espagnoles soulignaient, en 2001, qu'il y avait plus de femmes assassinées par leur conjoint que par l'ETA.

Nos sociétés ont dans l'ensemble relevé de systèmes patriarcaux et de matrilignage plus que de matriarcat. La transmission du pouvoir politique ou des biens par les femmes est un système que les ethnologues nous ont décrit dans tous les sens. Ces systèmes ont dans l'ensemble été duels. L'introduction des religions du Livre (islam et christianisme) et des cultures coloniales ont changé les systèmes de valeur et de référence et les ont parfois profondément corrompus, d'où les revendications identitaires contemporaines importantes. On ne peut, pourtant, revenir à la culture « authentique » sans la questionner. La culture ré-introduit des hiérarchies d'âge, de sexe, de caste qui structurent des sociétés d'inégalité. Le retour est plus problématique pour nous que pour les hommes « flirten » avec le discours de la culture, au nom de la modernité ou de l'authenticité. Ils peuvent la quitter ou y revenir sans encombre. Nous ne disposons pas de cette flexibilité, nous qui avons été déléguées « gardiennes » de la culture.

La religion est un problématique lorsqu'elle est utilisée comme instrument d'accès au pouvoir politique et non comme système de foi. Je prends l'Islam comme exemple et sans complexe, car je suis de culture musulmane. Je n'ai pas cessé ces derniers mois de m'expliquer sur l'islam comme culture de terrorisme. Entre Bush, Ben Laden et leurs fondamentalismes respectifs, Amina Lawal condamnée à mort pour « fornication » et l'élection agitée de Miss Monde au Nigeria, je n'ai plus le temps d'exposer les résultats d'une recherche sur les femmes, les lois et l'islam au Sénégal. J'ai du mal à raisonner face à des interlocuteurs qui veulent me positionner pour ou contre l'islam. Or, beaucoup de participants ici, vivant en Afrique, participent à une culture musulmane ou chrétienne, en tous cas religieuse. Quelque soit leur niveau de croyance, de pratique ou d'indifférence, ils sont affectés par cet environnement qui est aussi le leur. Je perçois personnellement l'islam comme une religion apaisante. Elle m'enlève nombre d'angoisses métaphysiques. Je n'ai pas à m'expliquer que Mahomet est le fils de Dieu (il est seulement son messager) ou le mystère de la Vierge Marie, mère de Dieu. Quand j'ai péché ou ai besoin de réconfort moral, je peux toujours me référer à Dieu, sans l'intermédiaire de l'homme. À Souleymane Bachir Diagne auteur de *Cent mots pour comprendre l'Islam,* j'avoue qu'il m'en faut bien moins pour comprendre l'islam, enfin comprendre ce dont j'ai besoin de l'islam pour ma pratique religieuse.

L'utilisation politique de l'islam a été constante, qui en rend difficile le débat en Afrique. Autant qu'une foi, la religion a servi d'instrument de conquête du pouvoir. Des Almoravides à El Haj Umar Al Fuutiyu, la jihaad a été un instrument de conquête du pouvoir politique et de terroirs. L'islam a également été un outil de résistance, de marquage identitaire face au pouvoir colonial et à ses institutions. Les Anglais ont généralement laissé en place les systèmes politiques locaux dont le Sultanat et l'Almamia, même s'ils en ont corrompu le pouvoir et les ont joué les uns contre les autres, alors que les Français les ont dans l'ensemble supprimés. Des confréries musulmanes ont émergé ou se sont renforcées, reprenant la tradition politique locale : cas des confréries tidiane, mouride, layeen ou khadir au Sénégal. On peut citer d'autres cas ailleurs en Afrique. L'avantage d'un pays comme le Sénégal, c'est qu'un siècle de colonisation française a imprégné de laïcité notre culture juridique et politique. Il n'est jamais fait référence à la Shari'a, sauf dans le code de la famille qui gère les relations entre les hommes et les femmes. Il est évident que, dans ce cadre, la question islamique ne peut pas nous affecter de la même manière.

La question politique de l'islam en Afrique tourne autour de la lutte pour le pouvoir de groupes musulmans. Les discussions porteront sur la révolution iranienne des années 1980 ; l'action du FIS et du GIA en Algérie ; la guerre civile au Soudan qui oppose communautés musulmanes et chrétiennes depuis une trentaine d'années ; l'islamisation/arabisation du pouvoir politique en Mauritanie instaurée, à leur avantage, par les Maures contre les autres communautés hal pulaar, soninké et wolof du delta et de la vallée du fleuve Sénégal ; l'utilisation de la Shari'a dans les États du Nord Nigeria contre le pouvoir fédéral ; l'opposition en Côte d'Ivoire entre Sud akan chrétien et Nord mandeng musulman ; la formation d'élites culturelles, politiques et économiques musulmanes ; les mystères de la science révélés dans le Coran ; la compatibilité du Coran avec le développement, etc. Ces débats passionnent les couches populaires comme les milieux intellectuels. Les Sénégalais ont été choqués de voir le président Wade, accompagné de son gouvernement, aller se prosterner devant son marabout mouride, après sa victoire aux élections présidentielles en 2000 et législatives en 2001. Ils dénoncent l'ingérence de plus en plus forte des religieux dans le pouvoir politique. Mais il a fallu une vingtaine d'années pour que les médecins reconnaissent et acceptent de dire, dans des milieux musulmans, que l'excision était une

mutilation sexuelle dangereuse pour la santé des femmes. Lorsque le code de la famille supprimait l'opposition maritale au travail des femmes, les journalistes (jeunes hommes) ont dénoncé le fait dans un tollé. Dire que les États n'ont retenu de la Shari'a que les dispositions du statut personnel qui oppriment les femmes, en imposant sa soumission à l'homme, relève du scandale. La polygamie, la puissance maritale et paternelle, le port du voile font l'objet de débats contradictoires inouïs. Condamner à mort Sadiya Husseini et Amina Lawal pour fornication, jeter une fatwa contre des journalistes, comme la Tchadienne Zahra Yacoub à l'occasion de son documentaire sur l'excision ou la Nigérianne Isioma Daniel qui écrit que le Prophète aurait pu épouser l'une des miss relèvent-ils du respect des droits humains ? Les organisations féministes nigérianes ont condamné l'article de cette journaliste, mais ont dénoncé la fatwa, au nom de la loi. Beaucoup de mes collègues hommes affirment que la Shari'a fait partie de notre culture musulmane et que nous devons nous en accommoder. Il est difficile de mener un débat juridique, politique ou scientifique sur les domaines d'application, car ils consacrent le pouvoir de l'homme. La laïcité est en place partout, sauf à ce niveau. Il faut renvoyer dos à dos ceux qui manipulent la religion à des fins politiques quel que soit leur espace d'expression.
Mais surtout une question à la fois philosophique et politique se pose. Comment séparer le religieux du politique ?

Conclusion

Poursuivre les débats à des niveaux multiples est une tâche prioritaire, pour transformer les rapports de pouvoir entre les sexes. Le domaine de la recherche qui est le nôtre n'échappe pas à la règle. Imposer les rôles et les rapports entre les sexes comme variable d'analyse de toutes les situations sont indispensables pour construire une société fondée sur l'égalité et la justice sociale. Au forum de l'Association internationale pour les droits de la femme et le développement (AWID), à Guadalajara (octobre 2002), les femmes tentaient « d'imaginer un monde sans pauvreté, sans violence et sans discrimination ; un monde où les besoins de chacun sont comblés et où les droits de la personne sont protégés ; un monde où les droits de la femme sont à la fois un moyen et une finalité du développement ». Alors, comme elles, à la fin du Forum, je voudrais, avec vous chers collègues, clamer : « vous voulez mondialiser : mondialisez donc ceci : les droits des femmes dans le développement » !

Notes

1 La version française a été éditée en français sous le titre, *Marchandisation de la Gouvernance,* par Fatou Sow, coordinatrice de DAWN pour l«Afrique francophone.

2 Ancien Président du Zaïre.

3 Atelier avec Peggy Antrobus de la Barbade, Gigi Francisco des Philippines, Viviene Taylor d'Afrique du Sud et Sonia Correa du Brésil, et moi-même du Sénégal.